《赣州市燃气管理条例》精解

欧阳鹏　黄新荣　◎编著
张　奇　刘　仁

中国政法大学出版社

2024·北京

图书在版编目（CIP）数据

《赣州市燃气管理条例》精解/欧阳鹏等编著. —北京：中国政法大学出版社, 2024.2

ISBN 978-7-5764-1345-8

Ⅰ.①赣… Ⅱ.①欧… Ⅲ.①城市燃气－行政管理－条例－法律解释－赣州 Ⅳ.①D927.563.218.15

中国国家版本馆 CIP 数据核字(2024)第 031580 号

出 版 者	中国政法大学出版社
地　　址	北京市海淀区西土城路 25 号
邮寄地址	北京 100088 信箱 8034 分箱　邮编 100088
网　　址	http://www.cuplpress.com (网络实名：中国政法大学出版社)
电　　话	010-58908586(编辑部) 58908334(邮购部)
编辑邮箱	zhengfadch@126.com
承　　印	保定市中画美凯印刷有限公司
开　　本	880mm×1230mm　1/32
印　　张	8.625
字　　数	250 千字
版　　次	2024 年 2 月第 1 版
印　　次	2024 年 2 月第 1 次印刷
定　　价	58.00 元

目　录

第一章 总 则

　　本章为总则部分，共六条，分别规定了《赣州市燃气管理条例》的立法目的、适用范围、基本原则，界定了市、县级人民政府以及相关部门职责，增强了社会公众安全用气、节约用气等宣传教育活动。本章是关于赣州市燃气管理相关法律问题的总体性、宏观性规范。

第一条【立法目的】

　　为了加强燃气管理，保障燃气供应，保障公民生命、财产安全和公共安全，维护燃气经营者和燃气用户的合法权益，促进燃气事业健康发展，根据国务院《城镇燃气管理条例》和有关法律、法规的规定，结合本市实际，制定本条例。

【条文释义】

　　本条是关于制定《赣州市燃气管理条例》的立法目的和立法依据的规定。

一、立法背景

（一）燃气是重要的民生工程

　　燃气是现代城市必不可少的重要能源，与社会生产和居民生活息息相关。近年来，随着脱贫攻坚、污染防治等重大战略的实施和西气东输国家工程的建设，我市燃气事业获得长足的发展，管输天然气和液化石油气在城乡得到普遍的推广和应用。全市共有燃气用户115.8万户，燃气企业131家，燃气管线长达2788.5公里。燃气事业的发展对优化城乡能源结构、改善城乡环境、提高城乡居民生活质量发挥了重要作用。

（二）燃气安全事关公共安全

燃气属于高危险性的气体，易燃、易爆、易中毒，稍有不慎，极易引发安全事故。随着燃气事业的日益发展，生产与消费规模越来越大，使用场所越来越多，情况也越来越复杂，加上新形势下出现的新情况使得燃气管理中暴露的问题较多，形势堪忧。比如，相关部门在燃气管理方面职责分工不够明确，企业与用户的责任和义务不够细化；城市建设中挖破燃气管道造成的燃气泄漏事故屡有发生；瓶装液化气市场不规范，存在违规储存、充装、倒灌、运输、经营等问题；燃气市场向偏远农村地区延伸，燃气用户对燃气危险性、危害性的认识远远不够，相当一部分用户缺乏安全用气常识，有的随意安装、改装室内燃气管道设施，有的使用不合格的燃烧器具，有的不正确使用燃气器具，一氧化碳中毒、泄漏爆燃等伤亡事故时有发生。

（三）燃气管理的上位法需要拓展和细化

国务院《城镇燃气管理条例》于2010年颁布实施以来，对加强燃气行业管理，保障燃气的安全、稳定供应发挥了重要作用。但近年来，随着社会的发展及城镇边界扩展，瓶装燃气已成为农村家庭使用的主要燃料之一，《城镇燃气管理条例》对农村瓶装燃气安全领域缺乏相应的管理制度，管理覆盖面不足。同时，随着社会的发展，燃气行业的制度、技术等方面出现了许多新情况，产生了许多新问题，还需完善或细化上位法相关规定，使燃气管理工作更加有可操作性。

二、立法目的

立法目的是指立法者希望通过所立的法来获得的结果，旨在表明立法者立法调控特定社会关系的内在动机。这种内在动机的确立往往受制于立法者的价值取向，既包括立法者对所立之法的具体认识，也包括立法者在法哲学层面上对法的一般判断。纵观我国现行法制，立法文本第 1 条的基本表述模式往往是"为（了）……制定本法"，该条一般被称为立法目的条款。

城市燃气是城市基础设施的重要组成部分，具有显著的基础性、公用性和自然垄断性，直接关系社会公众利益，关系人民群众生活质量，关系城市经济和社会的可持续发展。加强燃气管理，确保供气的安全、稳定，提高燃气行业的服务质量，对于我市创建环境友好型、资源节约型社会，保持社会稳定，具有十分重要的意义。《赣州市燃气管理条例》主要是根据国务院发布的《城镇燃气管理条例》以及相关法律法规，并在充分考虑我市燃气管理的实际情况下制定出来的，其直接目的是加强燃气管理，保障燃气供应，保障公民生命、财产安全和公共安全，维护燃气经营者和燃气用户的合法权益，促进燃气事业健康发展。

（一）加强燃气管理，保障燃气供应

随着我国经济建设的快速发展和人民生活水平的不断提高，燃气与工业生产、居民生活联系得更加紧密，大型化工企业需要燃气作为化工原料进行加工处理，百姓生活起居离不开燃气，它已成为城市经济快速发展不可缺少的重要推动力。然而，燃气具有易燃、易爆特性，若安全管理不当则会导致火灾、爆炸事故的发生，给人民群众生命财产带来巨大的损失。目前，随着中国城镇燃气市场化改革的不断深入，市场开放程度的不断扩大，燃气经营投资主体呈现多元化趋势。但由于安全管理水平参差不齐，仍存在下列问题：

第一，部分企业存在无证违法经营现象。《城镇燃气管理条例》第15条明确规定"国家对燃气经营实行许可证制度……从事燃气经营的企业……由县级以上地方人民政府燃气管理部门核发燃气经营许可证"。部分地区燃气企业管理部门对燃气企业管理不到位、资质核查不力、把关不严，导致一些燃气企业存在无证经营、证照超期未审的情况，企业安全生产条件未得到确认、核准，存在无证违法经营的现象。

第二，规章制度建立不完善。目前多数燃气企业存在国有独资、参股、控股等多种经营方式，建立的规章制度并不能完全满足企业现阶段的安全生产经营。国有独资公司通常执行统一的安全管理规定，要求上、下级单位执行同一安全管理标准。由于未结合燃气业务特点对上级管理制度进行有效转化，往往下级单位管理职责不明确、管理界面不清晰，基层单位安全工作执行困难，安全管理流于形式。参股、控股公司生产经营的多样性和复杂性，也使得部分单位规章制度不适宜。

第三，安全管理人员配备不足。燃气企业的管理重心放在经营销售领域，主要为开发经营市场、扩宽销售渠道服务，往往忽视了安全管理的重要性，普遍存在专职管理人员配备不足，导致对风险作业、承包商施工作业安全监督力度不够，安全基础工作显得捉襟见肘，企业整体安全管理水平不足的问题。国家要求非矿山企业按照安全生产管理人员数量比例配备注册安全工程师，但目前大多数燃气企业无法满足国家提出的安全管理人员基础配备要求。

第四，员工综合素质参差不齐。燃气企业一般采取合同制、劳动派遣、临时用工等用工方式，由于管理岗对专业能力相对较高，往往选聘大专院校毕业生或同行业专业技术人员。而操作服务岗主要体现在执行层面，对文化水平、专业技术要求不会很高，往往采取劳务派遣或临时用工的方式进行社会招聘。虽然都会开展岗前培训，但对安全知识、安全技术、风险辨识、事故案例的认知与感悟千差万别。因此，专业能力的差异导致员工综合素质参差不齐，在工作时往往暴露出风险识别能力不足、安全技术标准及管理要求理解不清等能力短板，这将给燃气管理带来巨大的挑战。

第五，客户安全管理点多、面广、难度大。燃气企业客户安全管理具有点多、面广、数量大、风险多的特点，特别是居民区内的安全隐患最容易发生安全事故。少数居民为了装修美观，私自改装户内燃气放置位置，将其密封在封闭空间内，形成可燃气体爆炸密封环境。客户安全意识淡薄、入户安全检查实施困难、隐患整改不彻底、安检人员专业技能不足等问题十分突显，由于客户对风险辨识不全、认识不清，所谓"不清楚风险才是最大的风险"，使得客户风险管理不受控。

因此，有必要制定相关的法律规定来加强燃气管理，保障对燃气用户的燃气供应。

（二）保障公民生命、财产安全和公共安全

随着天然气资源需求增长，城镇燃气用户体量快速增加，安全用气成为保障公民生命、财产安全和公共安全的基本前提。燃气属于高危险性的气体，易燃、易爆、易中毒，稍有不慎，极易引发安全事故。与此同时，燃气气瓶由于瓶内储存的是易燃易爆介质，而且储存压力很高，若遇到不标准的或不利的储存条件，也很容易引起灾害性安全事故的发生。发生泄漏时容易引发火灾爆炸事故，造成人员伤亡、经济损失和环境污染，造成恶劣的社会影响。因此，必须高度重视气瓶的储存条件和管理工作，必须将燃气安全运输以及燃气用户安全用气的问题作为政府、公众及城镇燃气企业首要关注的问题，以保障公民的生命、财产安全及公共安全。

为了保障燃气用户生命、财产安全和公共安全，《赣州市燃气管理条例》对燃气使用作了以下具体规定：

第一，对燃气用户的用气行为予以规范。燃气用户应当遵守安全用气规则，使用合格的燃气燃烧器具和气瓶，单位用户还应当建立安全管理制度，加强人员培训。同时，还对燃气用户以及相关单位和个人禁止性行为作出规定。

第二，明确燃气用户的权利。燃气用户有权就燃气收费、服务等事项进行查询和投诉。

第三，确立燃气燃烧器具的标识制度和安装、维修制度。燃气燃烧器具生产单位应当在燃气燃烧器具上明确标识所适应的燃气种类。燃气燃烧器具生产、销售单位应当设立售后服务站点，配备经考核合格的安装、维修人员。

（三）维护燃气经营者和燃气用户的合法权益

燃气经营者和燃气用户之间是供气、用气合同关系，双方的权利义务主要由合同约定。对于合同，《民法典》[1]有专门的规定。因此，本条例并未对燃气经营者和燃气用户之间的合同关系作详细规定，而是从保障燃气安全、维护公共利益的角度出发，对燃气经营者的经营服务活动和燃气用户的用气行为进行了规范。燃气经营

---

[1]《民法典》，即《中华人民共和国民法典》。为表述方便，本书中涉及我国法律文件直接使用简称，省去"中华人民共和国"字样，全书统一，后不赘述。

者、燃气用户既要遵守供气合同、用气合同，履行双方约定的义务，也应当遵守本条例，履行法定义务。本条例对于燃气经营者经营服务活动和燃气用户用气行为规定的目的也在于平衡双方利益，维护双方的合法权益。

规范燃气经营与服务行为，是维护燃气用户合法权益的重要保障。对燃气经营与服务，本条例作了以下规定：

第一，确立燃气经营许可证制度。明确取得燃气经营许可证的条件和审批程序。禁止个人从事管道燃气经营活动。个人从事瓶装燃气经营活动的，应当遵守省、自治区、直辖市的有关规定。

第二，明确燃气经营者服务义务和禁止性行为。燃气经营者应当履行向燃气用户持续、稳定、安全供应符合国家质量标准的燃气等服务义务，并不得有拒绝供气、擅自停气等行为。

第三，明确燃气经营者的责任。管道燃气经营者承担有关燃气设施的运行、维护、抢修和更新改造的责任。燃气经营者临时调整供气量、暂停供气以及停业、歇业的，应当采取相应的措施。燃气经营者应当建立健全燃气质量检测制度，对其从事瓶装燃气送气服务人员和车辆加强管理，并承担相应的责任。从事瓶装燃气充装活动，应当遵守有关气瓶充装规定。

第四，完善燃气定价机制。燃气销售价格，应当根据购气成本、经营成本和当地经济社会发展水平合理确定并适时调整。价格主管部门确定和调整管道燃气销售价格，应当征求管道燃气用户、管道燃气经营者和有关方面的意见。

同时，本条例还明确规定了政府有关部门的监管职责，并要求燃气经营者应当依法经营，诚实守信，接受社会公众的监督。

第二条【适用范围】

本市行政区域内燃气发展规划与设施建设、燃气经营与服务、燃气使用、燃气安全管理与应急处置以及相关管理活动，适用本条例。

天然气、液化石油气的生产和进口，城市门站以外的天然气管道输送，燃气作为工业生产原料的使用，沼气、秸秆气的生产和使用，不适用本条例。

【条文释义】

本条是关于本条例适用范围的规定。

法律的适用范围，也称法律的效力范围。确定适用范围是保障精准立法的基础，根据立法的明确性原则，需要将适用范围明确化，以保证本规定的规范性、确定性，维护人们对于本规定适用空间及适用对象的预期，防止适用的困难以及规定指导作用、预测作用、评价作用的减弱。本条规定了本条例适用的范围和不适用的范围。本条例的适用事项范围上以本行政区域内的燃气发展规划与设施建设、燃气经营与服务、燃气使用、燃气安全管理与应急处置以及相关管理活动为调整对象，但是天然气、液化石油气的生产和进口，城市门站以外的天然气管道输送，燃气作为工业生产原料的使用，沼气、秸秆气的生产和使用，不适用本条例。

一、本条例的适用范围

本条例的适用范围，包括法律的时间效力、法律的空间效力、法律对人的效力。

（一）时间效力

法律的时间效力，即法律从什么时候发生效力和什么时候失效。法律生效时间主要有以下几种：①自法律公布之日起开始生效；②法律另行规定生效时间。本条例第 43 条对本条例的生效时间作了规定，即 2021 年 8 月 1 日。

（二）空间效力

法律的空间效力，即法律适用的地域范围，是指法律在什么地方发生效力。关于本条例的空间效力问题，按照法律空间效力范围的普遍原则，适用于制定机关所管辖的全部领域，《赣州市燃气管理条例》作为赣州市人民代表大会常务委员会所制定的地方性法规，其效力自然及于赣州市行政区域。2020 年 9 月 15 日，赣州市人民政府发布的关于行政区划的文件显示，2019 年末，赣州市辖赣县区、章贡区、南康区 3 个市辖区，以及大余、上犹、崇义、信丰、龙南、定南、全南、安远、宁都、于都、兴国、会昌、石城、寻乌 14 个县，代管瑞金 1 个县级市，共 18 个县级政区。全市有 7 个街道办事处、145 个镇、140 个乡（含民族乡 1 个）、496 个居民委员会、3461 个村民委员会。凡在上述区域内与燃气相关的管理活动都受到本条例的调整。

（三）对人的效力

根据本条款的规定，本法适用的主体是在赣州市范围内的单位和个人。这里的单位既可以是我国的法人和其他组织，也可以是外资企业和其他组织。同时，这里的单位是指从事燃气经营活动的企业、事业单位和个体经济组织以及其他组织，包括国有企事业单位、集体所有制的企事业单位、股份制企业、中外合资企业、中外合作经营企业、外资企业、合伙企业、个人独资企业等，不论性质如何、规模大小，只要是从事燃气经营管理相关活动的，都应遵守本条例的各项规定。个人可以是中国公民也可以是外国公民。

二、本条例的调整事项

本条例的调整事项，是燃气发展规划与设施建设、燃气经营与服务、燃气使用、燃气安全管理与应急处置以及相关管理活动。因此，本条例的适用范围仅限于有关燃气的经营管理、使用等相关管理活动，不属于燃气的经营管理、使用等相关管理活动的问题，就不属于本条例的管理范围。根据本条例的相关规定，燃气发展规划与设施建设的内容包括燃气发展规划、燃气经营许可、燃气设施用地、燃气工程建设、燃气应急储备；燃气经营与服务的内容包括签订供气合同、特许经营规定、燃气信用管理制度、燃气经营者行为准则、送气规定；燃气使用部分主要是对燃气用户及餐饮业用户制定的用气规定，并对安装、维修燃气燃烧器具进行了规定；燃气安全管理与应急处置的内容包括燃气经营者的管理责任、燃气警示标志、燃气设施保护范围、信息化燃气监控平台的建设等。

三、本条例的适用除外

根据《城镇燃气管理条例》第2条第3款对燃气的定义，燃气是指作为燃料使用并符合一定要求的气体燃料，包括天然气（含煤层气）、液化石油气和人工煤气等。一方面，为了与相关法律、行政法规相衔接，划清燃气生产与燃气经营、服务、使用等上下游之间的关系，本条例将调整对象限于燃气的经营管理、使用等相关管理活动。因此，将天然气、液化石油气的生产和进口，城市门站以外的天然气管道输送，燃气作为工业生产原料的使用，沼气、秸秆气的生产和使用，排除在本条例的调整范围之外。另一方面，将天然气、液化石油气的生产和进口，城市门站以外的天然气管道输送，燃气作为工业生产原料的使用，沼气、秸秆气的生产和使用，排除在本条例的调整范围之外，是为了减少法规与法规之间不必要的重复，对有些法规中已经作了比较具体的规定的，本条例就采取了从简的办法，只作了基本规定或原则规定。

第三条【基本原则】

本市燃气工作应当遵循统筹规划、保障安全、配套建设、规范服务、确保供应、高效便民、节能环保的原则。

【条文释义】

本条是关于本条例法律原则的规定。

法律原则，是指集中反映法的一定内容的法律活动的指导原理和准则。法所确认的一定社会生活和国家活动的规律性要求，贯穿于具体法律规范之中。法律原则较之法律规范，更直接地反映出法的内容、法的本质，以及社会生活的趋势、要求和规律。法律原则以其在法的体系结构中所处的不同地位和所起的不同作用，可以分为法的基本原则和法的一般原则。法的基本原则在法的体系结构中居于核心地位，起到最根本的指导作用。法律原则承上启下，向上承接本条例的立法目的，向下指导着本条例的制定和实施，任何立法动议都离不开法律原则的指导。本条结合我市市情，将统筹规划、保障安全、配套建设、规范服务、确保供应、高效便民、节能环保作为本条例的基本原则。

一、统筹规划原则

统筹规划是指对未来一定时间和空间范围内经济社会发展、燃气管理和项目建设等所做的总体部署，其实质就是把本市的燃气发展作为整体统一规划，通盘考虑。统筹规划是运用统筹兼顾的基本思想，对错综复杂、种类繁多的工作进行统一筹划，合理安排的一种科学方法。而统筹兼顾是在长期社会主义建设实践中形成的重要的思想方法和工作方法，也是领导社会主义建设的一条重要历史经验。早在抗日战争年代，毛泽东就提出了要采取"军民兼顾"和"公私兼顾"的方针。进入社会主义时期，毛泽东非常重视和强调统筹兼顾，并把"统筹兼顾，适当安排"上升到方法论的重要地位，把它作为调动一切积极因素，建设社会主义强国的重要方针。统筹兼顾要求从整体角度思考问题，突出全局、整体观念，要求集中力量抓住主要矛盾和中心工作，从而可以做到纲举目张，带动全局工作。本条例中的统筹规划原则很好地体现了统筹兼顾的思想。

二、保障安全原则

在法律诞生和发展的漫长历史长河中，保障人身安全和财产安全始终居于立法目标的核心地位。由公法与私法共同建构的"国家安全—社会安全—个体安全"法益图谱，构成了基本原则与具体规则的设计起点。或许在古今中外的规范性文件内，鲜有直接规定"保障安全原则"具体内涵和外延的条款，但在立法活动中，安全法益的身影始终隐约可见。从生命权、健康权等传统人身权利，到财产权利安全，再到个人信息权益、环境权益等新兴的人身权利和财产权利的确认与保障，"安全"被视为"权利保护""既有利益保障"等概念的等价物。正如边沁所言，"（安全）它是立法者记住的唯一目的"，以普遍意义形式存在的安全法益正在悄然无息地推动法律功能的转型，其并非属于惩罚威慑，而是"幸福、快乐的行为规范指引"。

燃气属于高危险的气体,易燃、易爆、易中毒,稍有不慎,极易引发安全事故,对公众的生命安全造成损害。因此,在燃气的经营管理活动中,在处理保证安全与实现燃气事业发展的目标关系上,要始终把安全特别是燃气用户、燃气经营者及相关燃气管理人员的人身安全放在首要的位置,实行"安全优先"的原则。在保障安全的前提下,努力实现燃气事业的健康发展目标。当燃气的安全保障工作与其他活动发生冲突或矛盾时,其他活动要服从安全,绝不能以牺牲人的生命、健康、财产损失为代价换取发展和效益。在《赣州市燃气管理条例(草案)》的二次审议稿中,有意见认为,燃气管理工作应当突出保障安全原则,经研究,该意见也被采纳,将"保障安全"调整到基本原则中靠前的位置。由此可知,保障安全原则对于燃气经营管理活动的重要性之大。

三、配套建设原则

配套建设规律是基本建设经济规律体系构成之一。它是指各种类型的基本建设之间及其各自内部的建设安排必须有联系地配套进行。它根源于社会化大生产条件下劳动手段的体系性、生产能力的完整性、社会生活的多样性。其基本内容是:生产性建设和非生产性建设要配套,各类生产性建设要配套,各类非生产性建设要配套。燃气的配套设施建设是以燃气项目主体附属物的身份出现,其作用是保证燃气项目主体的正常运行。燃气配套设施建设也直接影响着燃气用户的日常生活及燃气管理的整体运作等诸多方面。因此,燃气管理活动秉持以配套建设为基本原则,有利于提高燃气用户的生活质量,更有助于消除因缺少燃气配套设施而带来的安全隐患。

四、规范服务原则

燃气市场法律法规政策性强、服务对象范围广的特点，决定了它在一切都按规矩办事的基础上，时间要快捷，业务要过硬，服务要热情。因此，花大力气抓规范服务是发展燃气市场的根本所在。贯彻规范服务原则，应当做到以下几方面：

（一）提高思想认识，把规范服务变为职工的自觉行动

规范服务的首要问题是思想认识问题。如果思想认识不到位，规范服务也不会到位。规范服务是燃气市场精神文明建设的需要。在以经济建设为中心的前提下，必须两个文明一起抓，燃气市场精神文明建设的重点应放在规范服务上。从规范行业和人员的行为入手，大力提高燃气工作人员的思想素质，增强职工职业道德修养，只有规范的行为，才有规范的服务。规范服务是提高燃气市场管理水平的具体措施。燃气市场管理无论对社会经济秩序还是人民生活都关系重大。只有实行严格、规范的服务，才能不断提高管理水平，适应形势的需要。

其次，规范服务是提高职工素质的有效途径。燃气市场的规范服务，关键在于业务人员整体素质的提高。近几年，从事燃气市场的业务人员不断增加，但业务素质却参差不齐，单靠培训是有限的，规范服务无疑为提高服务素质、技术素质、工作素质提供了良好的环境。

（二）增强法治意识，依法进行规范服务

市场经济是法治经济，燃气市场是依法的市场，燃气方面法律、法规不断建立和完善，问题是如何掌握运用法律法规，尽快提高执法素质。实际上规范服务的"规范"内容，就融入了相关的法律法规，规范服务不仅是职工学习法律法规，增强法治意识的过

程，也是贯彻执行燃气法律法规的过程，更是对燃气市场依法执法水平的最好检验。应该针对自身特点，规范工作程序，规范职工行为，规范廉政建设。一方面要抓教育、启迪内在意识，举止标准、语言文明、高效办事；另一方面要抓制度，强化约束，制定科学的、行之有效的考核细则，规范标准。只有依法的市场管理，规范的市场服务，才能营造出规范、有序、健康、发展的燃气市场。

（三）坚持不懈地抓规范服务、不断追求规范服务的创新

规范服务是由表及里、由低级向高级不断发展的动态过程，既应注意抓阶段性的效果，又要抓连续性工作，两者有机地结合起来。因此，要特别注意三种倾向：一是热一阵、冷一阵、紧一阵、松一阵，辛辛苦苦抓出一点成绩，一放松就会出现"夹生饭"；二是停留在口号响，决心大，措施少，光喊不做、光说不干的不良倾向；三是规范服务不能一抓到底，领导的重视程度不够，应当一把手亲自抓，切实一抓到底。

规范服务并没有绝对的标准，应是不断完善的。随着社会的进步，对燃气市场的要求也将越来越高，今天大家觉得满意的，到明天恐怕就不那么满意了。因此追求规范服务应该是无止境的、不断创新的。创新是检验规范服务的重要方面，没有创新，就不可能做好规范服务工作，也不能适应燃气市场发展的环境和需要。只有依靠规范服务的创新，不断创造规范服务的新经验、新方法，不断提高规范服务质量和水平，才能出色地做好规范服务工作。

五、确保供应原则

2020 年，中国天然气消费量为 3 280×108 立方米，在受到疫情冲击和紧张的外部贸易形势下，仍较 2019 年增加约 220×108 立方米，在一次能源消费总量中的占比达到 8.4%。伴随着城镇化进程

加快、大气污染防治行动计划与天然气产供储销体系的持续推进，中国市、县级燃气普及率已由 2010 年的 92.4%、64.9% 分别提升至 2020 年的 97.9%、89.1%，燃气管网里程由 29.9×104 千米增至 103.7×104 千米，天然气的用气人口由 1.89×108 人增至 4.95×108 人，中东部地区的市、县已基本普及燃气，正在向乡村渗透，燃气输配系统日益完善，燃气普及率稳步提升。中国的燃气消费量在逐步增加，燃气用户也在不断上升。燃气作为保障公众生产生活的气体燃料，做好燃气供应工作，是保障燃气企业和燃气用户的切身利益、保障燃气企业和燃气用户正常生产生活秩序的前提。因此，燃气经营管理过程中必须将确保供应原则作为基本原则，保障燃气用户的正常生产生活。

六、高效便民原则

高效便民是指行政机关能够依法高效率、高效益地行使职权，最大限度地方便人民群众。效率针对行政管理的过程，是办事速度方面的要求；效益则针对行政管理结果，要求以较少的行政资源投入实现行政管理目的，并且取得好的效果。高效便民，是衡量行政机关工作质量的重要标准，也是决定行政机关能否真正落实服务于民宗旨的重要环节。

高效便民原则是针对行政活动的效率所提出的要求，因为一个好的政府，其行为既应当是合法的，也应当是有效的。高效便民原则具体包括两个方面的要求：

第一，行政效率，即行政机关应当积极、迅速、及时地履行其职责、实现其职能，严守时限规定，并不断降低行政成本。

第二，便利当事人，即行政机关应当尽可能减少当事人的程序性负担，节约当事人的办事成本。

七、节能环保原则

倡导节能环保，用以节约现有能源消耗量，提倡环保型新能源开发，造福社会。节能环保体现绿色发展理念，同时，与《民法典》第9条的绿色原则的要求一脉相承。绿色原则，是指民事主体从事民事活动，应当有利于节约资源，保护生态环境。绿色原则是《民法典》确立的一项基本原则，它体现了党的十八大以来的新发展理念，是具有重大意义的创举，这项原则既传承了天地人和、人与自然和谐相处的传统文化理念，又体现了新的发展思想，有利于缓解我国不断增长的人口与资源生态的矛盾。民法典确立绿色原则，具有重要的时代意义，因为新世纪的民法典要回应新时代的问题。当前，环境资源问题是制约我国社会发展的瓶颈问题，而传统民法在回应环境资源问题上显示出不足之处。党的十九大报告提出，要为把我国建设成为富强民主文明和谐美丽的社会主义现代化强国而奋斗，要求建设人与自然和谐共生的现代化，建设望得见山、看得见水、记得住乡愁的美丽中国。在此背景下编纂民法典，无疑"美丽中国"应成为民法典的价值追求之一。在这个意义上，绿色原则就是"美丽中国"在民法典中的总要求，是正确认识民事活动与生态环境保护关系的总钥匙，是调整因生态环境保护而在民事主体间产生利益冲突的总工具。习近平总书记也指出，良好生态环境是最公平的公共产品，是最普惠的民生福祉。民法典的绿色化是回应民意、反映民心的必然结果。它对于解决损害群众健康的突出环境问题，让良好生态环境成为人民幸福生活的增长点具有法典示范的标志性意义。燃气泄漏不仅危及人体生命健康，也会对环境造成破坏，在燃气管理过程中切记秉持环保理念。此外，燃气资源是有限的，要节约现有的燃气能源。

第四条 【政府职责】

市、县（市、区）人民政府（含开发区管理委员会，下同）应当加强对燃气工作的领导，将燃气事业的建设和发展纳入本级国民经济和社会发展规划、国土空间规划；建立健全燃气应急储备制度和燃气事故应急处置机制，将燃气管理工作经费列入本级财政预算。

乡（镇）人民政府和街道办事处应当配合相关部门做好辖区内的燃气管理工作。

【条文释义】

本条是关于地方各级政府（含开发区管委会）对燃气工作的职责的规定。

政府领导体制是指为了实现领导意图和领导职能的机构设置以及管理权限划分的制度，涉及组织层次与管理幅度、领导机构内部各部门之间的职责与权限的划分，以及领导机构外部的职权关系等内容。适应社会主义市场经济的发展是当前政府领导体制改革的第一项原则。为适应社会主义市场经济发展的需要，政府必须从生产经营活动中退出来，作为经营秩序的维护者，从社会公正的角度调节经营活动当事人的行为。政府的主要作用是用宏观调控职能来规范和引导市场：通过制定发展战略、规划和产业政策来促进经济结构的调整；通过制定规范市场行为的法律和法规反对不正当竞争等市场失范行为；通过金融政策、财政政策引导市场投资趋向；对市场走势进行预报。此外，政府还具有社会公共事业管理职能，向公众提供市场无法提供或不愿提供的公共产品，如环境保护、社会保障、基础设施、国民教育、科技开发、维持社会公共秩序等。城镇燃气是市政公用事业的重要组成部分，燃气行业属市政公用行业，在中国一直以来实行特许经营模式，具有自然垄断性，是天然气产业链供给的最后一环。在燃气发展战略、燃气规划和产业政策等方面，还是需要政府来统筹全局，从整体上引领燃气事业的健康发展。

一、市、县（市、区）人民政府（含开发区管理委员会）的职责

（一）加强对燃气工作的领导，将燃气事业的建设和发展纳入本级国民经济和社会发展规划、国土空间规划

1. 加强对燃气工作的领导

燃气的经营管理工作是关系国家和人民群众的生命财产安全、关系经济发展和社会稳定的大事。加强对燃气工作的领导，是政府应尽的职责。按照实行社会主义市场经济对转变政府职能的要求，政府不应再去干预企业内部的生产经营活动，这属于市场调节可以发挥作用的领域。但是燃气的经营管理问题，关系燃气职工和燃气用户的生命安全，也关系社会公共安全，必须由政府这只"看得见的手"来发挥监督管理的作用。地方各级人民政府也应当充分认识加强燃气管理工作领导的重要性和必要性，依法履行对本地区燃气经营管理工作的领导责任，认真解决本地区燃气经营管理中的重大问题；确保有关法律法规和国家有关燃气管理经营的方针政策的贯彻执行；要加强对事故预防工作的领导，按规定对危险性大、职业危害严重及重点项目的建设把好审批立项的关，对威胁公众安全的重大事故隐患和危险设施、场所，要组织有关部门进行安全性评估；要加强燃气用气安全的宣传教育，努力提高广大人民群众遵章

守纪的自觉性和安全用气意识等。

  2. 将燃气事业的建设和发展纳入本级国民经济和社会发展规划、国土空间规划

  国家经济和社会发展规划，是全国或者某一地区经济、社会发展的总体纲要，是具有战略意义的指导性文件。其内容包括现状与形势、指导思想、基本原则、规划目标、主要任务、重点工程、规划实施和评估等。国家经济和社会发展规划是各级人民政府制定的比较全面、长远的发展计划，是对未来整体性、长期性、基本性问题的考量，设计未来整套行动的方案，统筹安排和指导全国或某一地区的社会、经济、文化建设工作。各级政府对所制定的燃气发展规划要组织实施，予以落实。按照本条的要求，应当将燃气事业的建设和发展纳入我市的国民经济和社会发展规划之中。同时，上位法《城镇燃气管理条例》第 4 条也规定，县级以上人民政府应当加强对燃气工作的领导，并将燃气工作纳入国民经济和社会发展规划。《江西省燃气管理办法》第 3 条规定，县级以上人民政府应当把燃气事业纳入国民经济和社会发展计划，按照统一规划、合理布局、确保安全、方便用户的原则发展燃气事业。

  (二) 建立健全燃气应急储备制度和燃气事故应急处置机制，将燃气管理工作经费列入本级财政预算

  1. 建立健全燃气应急储备制度

  应急储备是政府有效应对各类突发事件的重要保障，是公共财政支出的基本保障范畴。自然灾害、军事冲突、能源设施爆炸等突发事件的频发，会对煤炭、石油和天然气的安全供应带来的严峻挑战，"气荒""油荒""煤荒"的应对也在考验着能源应急体系。由于突发性自然灾害、季节性需求变动以及价格波动等因素的影响，

我国燃气供应在局部地区和局部时段会出现短缺现象，带来重大的经济损失，严重影响我国燃气应用安全。因此，有必要建立健全燃气应急储备制度。燃气应急储备一旦建立，就会起到缓冲器的作用，可以有效缓解供需矛盾，防止供应中断，从而避免巨大的损失。当由于局部时段、局部地段供应紧张，燃气需求季节性变动等因素引起燃气价格剧烈波动时，通过储备燃气的购买和投放，可以起到调节电煤供需，维持电煤价格稳定的作用。

2. 建立健全燃气事故应急处置机制

燃气是一种清洁、高效和相对安全的能源，但是燃气也是一种高危险的气体，易燃、易爆、易中毒，一旦发生燃气泄漏事故，将不可避免对燃气用户及附近居民的生命安全造成严重影响。因此，针对燃气泄漏事故的特点及其应急救援的特殊性，有必要应做好应急机制研究、制定周密应急预案，在事故发生时采取及时有效的应急救援行动和善后处理措施，将事故造成的损失降到最低。根据燃气泄漏事故的特点及其应急救援的特殊性，其燃气事故应急处置机制应包括以下几个方面：

（1）应急救援组织机构

事故发生后，应立即启动应急管理系统。应急管理系统包括由各级政府、医疗机构、当地燃气管理部门、卫生部门有关专业技术人员、消防队等组成的应急救援组织机构，一旦发生事故可保证各区域人员得到合理的安排。应急救援人员必须充分了解燃气泄漏事故的危害性，科学地做好每一个环节的救援工作，指导公众进行个人防护，并提供咨询服务。各机构要不断调整运行状态，协调关系，形成整体，一旦发生事故，便可快速、有效地开展现场的应急处理工作。

（2）应急预案的制定

发生燃气泄漏事故时及时、有效地开展应急救援工作，控制污染源，抢救受害人员，指导应急人员开展工作和消除事故后果，应制定详细、科学、可行的应急预案。一套完整的燃气事故应急预案应该包括总预案、基本应急程序、说明书、应急行动记录4级文件：①一级文件——总预案。它包含了对事故的管理政策，确定了应急预案的目标以及应急组织的责任等内容。②二级文件——基本应急程序。其目的是为应急行动提供指南，包括事故发生时的报警与监测、现场指挥与控制、通讯联络、应急关闭程序、现场疏散、医疗救援等内容。③三级文件——说明书。对基本应急程序中的特定任务及某些行动细节进行说明，供应急组织内部人员使用。④四级文件——应急行动记录。它是在事故的应急行动期间所做的每一步应急行动的详细记录，内容包括事故发生的时间、地点，事故污染物的鉴定，造成事故的原因及其影响范围和影响后果。

（3）应急培训和演习

对有关人员进行应急培训和演习的目的是保证事故应急预案的落实，检验和促进应急反应的速度和质量的提高。

第一，应急培训。它是指对应急响应组织的全体人员，包括应急预案单位的燃气管理负责人和主要业务骨干，每年至少进行一次培训。培训内容包括：①燃气事故安全防范常识；②应急预案的基本内容、应急救援行动的响应程序；③燃气事故现场处理的专业知识；④案例分析和经验交流等方面。

第二，应急演习。应急演习是检验应急预案（计划）和应急准备的有效方式，也是应急培训的重要内容。演习既可以是练习某些基本操作、基本技巧和协同能力的单项演习，也可以是从报警到应急状态终止的全过程综合演习。在演习结束后，应对应急计划和实施程序的有效性、应急设备的可行性、应急人员的素质和反应速度等作出综合评价，并提出应急预案的修改意见。

应急处置还应注意的问题是加强事故应急管理系统机构间的协调。燃气泄漏事故应急处置管理体系涉及的部门很多，部门之间相互协调的能力非常重要，应尽量在机构建设上形成一套较为完善的协调部门间关系的有效机制，必要时可以建立省、市政府管理下的专门协调机构。

3. 将燃气管理工作经费列入本级财政预算

我国《预算法》第 5 条第 1 款规定："预算包括一般公共预算、政府性基金预算、国有资本经营预算、社会保险基金预算。"第 6 条第 1 款规定："一般公共预算是对以税收为主体的财政收入，安排用于保障和改善民生、推动经济社会发展、维护国家安全、维持国家机构正常运转等方面的收支预算。"将燃气管理工作所需经费列入本级财政预算，从经济上给予了该工作坚实的经济保障，是保障燃气事业快速发展的重要举措。

（三）开发区管理委员会的职责

2019 年 7 月 26 日，江西省人大常委会通过了《江西省开发区条例》。该条例第 23 条第 1 款和第 2 款明确规定，开发区管理机构为所在地人民政府的派出机关，其中国家级开发区管理机构作为设区的市人民政府派出，省级开发区管理机构由县级人民政府派出。根据该条规定，开发区管理机构取得了一级政府派出机关的法律地位，并根据《江西省开发区条例》和《赣州市燃气管理条例》的相关规定获得了燃气管理方面的职责。

二、乡（镇）人民政府和街道办事处的职责

根据《地方各级人民代表大会和地方各级人民政府组织法》第85条第3款之规定，市辖区、不设区的市的人民政府，经上一级人民政府批准，可以设立若干街道办事处，作为它的派出机关。根据该条规定，街道办事处取得了一级政府的地位。街道办事处与乡和镇等同属乡级行政区。根据本条的规定，乡（镇）人民政府和街道办事处的职责就是配合相关部门做好辖区内的燃气管理工作，共同为燃气事业的发展贡献一份力量。

第五条【部门职责】

市、县（市、区）人民政府住房和城乡建设主管部门是本行政区域内的燃气主管部门，负责组织编制和实施燃气发展规划，建立完善相关管理制度，对燃气经营者有关经营行为进行监督检查。

市、县（市、区）人民政府市场监督管理部门负责对压力容器（含储罐、液化气气瓶）、压力管道等特种设备及相关仪表的安全监察，对燃气质量和计量、燃气价格、燃气燃烧器具及相关附件产品质量等情况进行监督检查。

市、县（市、区）人民政府商务主管部门负责督促餐饮经营者开展燃气使用安全自查，履行安全用气责任，落实安全防范措施。

市、县（市、区）人民政府交通运输主管部门负责道路、水路燃气运输企业及其运输车辆、船舶的监督管理，查处未依法取得危险货物运输许可从事燃气运输等违法行为。

市、县（市、区）人民政府公安机关负责燃气运输车辆的道路交通安全管理，依法查处危害公共安全的非法存储、销售、运输、盗用燃气和破坏燃气设施等违法犯罪行为。

市、县（市、区）人民政府应急管理部门负责对燃气行业安全生产工作实施综合监督管理，依法组织或者指导燃气生产安全事故调查处理，督促各相关单位履行燃气安全管理职责。

市、县（市、区）人民政府消防救援机构负责对燃气经营、使用场所的消防安全情况进行监督检查。

市、县（市、区）人民政府发展改革、自然资源、城市管理、生态环境、行政审批、教育等有关部门和气象等单位应当依法履行各自职责，做好燃气管理的相关工作。

【条文释义】

本条是关于燃气管理所涉及的行政管理职能部门分工协作的规定。

随着组织管理结构的系统化和任务执行的统筹化，部门间的壁垒鸿沟已经成为掣肘单位发展、影响效能提升的重要因素之一。打破各部门间的壁垒鸿沟、加强部门工作协作既是大势所趋，也是推进组织管理科学化的必然举措。加强燃气管理，并非某一个单一职能部门就能完成的任务，需要政府涉及燃气管理工作的职能部门进行通力合作，为避免推诿，需要各相关职能部门明确分工，理顺职责关系，解决职责交叉的问题，确保在燃气管理工作推进过程中有据可循，有法可依。明确主管部门和相关部门的基本职责充分体现了统一监管和分工负责相结合，既有分工又有协作的部门间工作原则。

一、市、县（市、区）人民政府住房和城乡建设主管部门的职责

中国的政府组织体系是一种由中央到地方的自上而下的体系。

各层级政府均有对应的燃气主管部门，通过其从属的燃气监管部门及其授权实施安全监管的各类机构，参与燃气业的安全管理活动，落实安全监管职能。《城镇燃气管理条例》第5条规定，国务院建设主管部门负责全国的燃气管理工作。县级以上地方人民政府燃气管理部门负责本行政区域内的燃气管理工作。县级以上人民政府其他有关部门依照本条例和其他有关法律、法规的规定，在各自职责范围内负责有关燃气管理工作。《江西省燃气管理办法》第4条第1款规定，县级以上人民政府住房和城乡建设主管部门或者公用事业行政主管部门主管本行政区域内的燃气工作。本条将市、县（市、区）人民政府住房和城乡建设主管部门规定为本行政区域内的燃气主管部门，对本行政区域内的燃气管理工作实行统一监督管理。

燃气主管部门将直接管理城镇燃气行业，监管内容主要包括对发展规划、市场准入、竞争规则、安全与服务等方面的监管，加强了咨询民主化、决策科学化、管理现代化、信息公开化，初步建立起符合我国实际情况的城镇燃气监管体系，发挥了政府主管部门的宏观调控、市场监管、公共服务、应急保障等职能，较好地保障了城镇燃气行业的健康发展。具体到本条的职责，其内容主要包括以下几个方面：

（一）组织编制和实施燃气发展规划

城镇燃气是市政公用事业的重要组成部分，是现代城镇的重要基础设施，与经济社会发展和人民生活息息相关。燃气发展规划是加强燃气管理工作的前提和依据，是在一定空间和时间范围内，协调各种条件，对各种规划要素的系统分析和总体安排。搞好城市燃气的发展规划不仅是城市总体规划的要求，也是燃气市场发展的要求。省级层面或市级层面的城镇燃气发展规划既要上承国家政策，落实国家有关规划和政策的要求，又要结合省情或市情，对全省或全市具有一定的指导性。编制燃气发展规划应当包括指导思想、原则、目标、主要任务和政策措施等内容，要落实各地区城镇燃气专项规划的编制、修订及实施，突出规划的严肃性、政策性和可操作性。各级地方政府应重视和加强相关燃气专项规划的编制和审批工作，充分发挥专项规划在燃气发展上的指导作用，重点完成规划的编制并严格按照规划内容落实燃气发展和管理。

（二）建立完善相关管理制度，对燃气经营者有关经营行为进行监督检查

本条规定市、县（市、区）人民政府住房和城乡建设主管部门应建立完善相关管理制度，根据本条例的规定，其管理制度包括燃气经营许可证制度、燃气特许经营权制度、燃气信用管理制度、燃气经营者停业或歇业规定等制度。

燃气经营属高危行业，因此，燃气经营必须具备符合安全规范的生产设备和设施，配备专业的经营管理人员、技术人员和消防安全人员，要有严格的操作规程和制度。但是，随着燃气的快速发展，会出现经营者之间恶性竞争的现象。为了抢占用户，相互压价，甚至低于成本价售气的现象时有发生，但液化气的分量却大打折扣。上述种种情况，严重损害了用户的利益，给安全带来了极大隐患。因此，有必要加大对燃气市场及燃气企业监督检查力度，努力做到问题早发现，隐患早排查，确保我市燃气的安全。通过主管部门这种定期和不定期的监督检查，维护燃气市场秩序，保护燃气安全，维护合法企业和消费者的利益，为燃气事业的健康发展创造良好的外部条件。

二、市、县（市、区）人民政府市场监督管理部门的职责

市级、县级政府市场监督管理部门履行自身机构职能关乎当前我国国计民生稳定与社会和谐有序发展，对推动市域、县域经济发展具有重要意义。燃气市场安全是燃气产品质量安全的机制保障，积极开展燃气市场安全监管是维护燃气市场安全的必要举措。各市、县级市场监督管理部门履行市场监管职能是践行市场安全监管理念的重要举措，是对产品质量安全进行监管、检查以及风险防范的重要责任承担。市场安全监管具体可划分为食品药品安全监督管理和特种设备安全监督管理，本条规定的市场监督管理部门管理的压力容器（含储罐、液化气气瓶）、压力管道等及相关仪表就属于特种设备范畴。县级政府市场监督管理部门作为地方政府对燃气市场安全进行监管的基本单元，直接面对基层群众，保障基层群众的日常生产生活安全。只有县级政府市场监督管理机构切实履行燃气市场监管职能，加强燃气市场安全监管，才能确保燃气用户在日常生产生活中用得舒心，过得安心。伴随着国家对特种设备安全监管要求的不断细化，市、县级政府市场监督管理部门大力践行上级部门要求，积极压紧压实自身职能履行，广泛探索职能履行的多样方式，高度提升了市、县级政府市场监督管理部门市场安全监管水平以及安全监管能力，进一步强化了市、县域内燃气市场安全监管成效，有效保障了市、县域内燃气用户的日常生产生活安全。

三、市、县（市、区）人民政府商务主管部门的职责

餐饮场所燃气泄漏爆炸事故时有发生，教训十分深刻。2012年11月23日，山西省晋中市寿阳县喜羊羊火锅店发生液化石油气泄漏爆炸事故，并引发大火，造成14人死亡、47人受伤（其中17

人重伤）。2012 年 3 月 6 日，辽宁省盘锦市一烧烤店因钢瓶非法倒气严重超装，导致瓶体爆破引发爆炸，造成 4 人死亡、22 人受伤（其中 9 人重伤）。2011 年 11 月 14 日，陕西省西安市高新技术开发区内一肉夹馍店因阀门操作不当，导致钢瓶液化石油气泄漏引发爆炸，造成 11 人死亡、31 人受伤。造成这些事故的主要原因，一是部分餐饮企业安全生产主体责任不落实，安全管理规章制度不健全，现场安全管理混乱；二是安全投入不到位，营业场所现场防火、防爆、防泄漏等安全设备设施不完善，隐患排查治理不及时；三是安全教育培训工作不力，从业人员缺乏燃气使用安全知识和安全操作技能，违章指挥、违章作业；四是部分餐饮企业对液化石油气进货渠道把控不严，从无燃气经营资质的气贩手中购置液化石油气，使得超期、超装液化石油气钢瓶混入餐饮场所；五是部分地区对餐饮场所燃气使用安全工作重视不够，对餐饮企业的安全监管主体不明确，打击和取缔非法违法生产经营行为措施不力等。

全国餐饮场所量多面广，绝大多数规模小，安全生产条件差，容易发生燃气泄漏爆炸事故；且多位于人员密集场所，一旦发生事故，将造成严重的人员伤亡和财产损失，社会影响巨大。因此，市场监督管理部门有必要督促餐饮经营者开展燃气使用安全自查，履行安全用气责任，落实安全防范措施，进一步加强餐饮场所燃气安全监管工作，这有利于有效遏制重特大事故的发生。

餐饮场所使用燃气应当遵守的要求：

第一，使用瓶装压缩天然气的，应当建立独立的瓶组气化站，站点防火间距应当不小于 18 米。

第二，使用液化石油气的，应当符合下列规定：

（1）存瓶总重量超过 100 千克（折合 2 瓶 50 千克或 7 瓶以上

15 千克气瓶）时，应当设置专用气瓶间。存瓶总重量小于 420 千克时，气瓶间可以设置在与用气建筑相邻的单层专用房间内。存瓶总重量大于 420 千克时，气瓶间应当为与其他民用建筑间距不小于 10 米的独立建筑。

（2）气瓶间高度应当不低于 2.2 米，内部须加装可燃气体浓度报警装置，且不得有暖气沟、地漏及其他地下构筑物；外部应当设置明显的安全警示标志；应当使用防爆型照明等电气设备，电器开关设置在室外。

（3）气相瓶和气液两相瓶必须专瓶专用，使用和备用钢瓶应当分开放置或者用防火墙隔开。

（4）放置钢瓶、燃具和用户设备的房间内不得堆放易燃易爆物品和使用明火；同一房间内不得同时使用液化石油气和其他明火。

（5）液化石油气钢瓶减压器正常使用期限为 5 年，密封圈正常使用期限为 3 年，到期应当立即更换并记录。

（6）钢瓶供应多台液化石油气灶具的，应当采用硬管连接，并将用气设备固定。钢瓶与单台液化石油气灶具连接使用耐油橡胶软管的，应当用卡箍紧固，软管的长度控制在 1.2 米到 2 米之间，且没有接口；橡胶软管应当每 2 年更换一次；若软管出现老化、腐蚀等问题，应当立即更换；软管不得穿越墙壁、窗户和门。

第三，瓶组气化站、燃气管道、用气设备、燃气监控设施及防雷防静电等应当符合《城镇燃气设计规范》。

第四，用气场所应当按照有关规定安装可燃气体浓度报警装置，配备干粉灭火器等消防器材。

第五，应当使用取得燃气经营许可证的供应企业提供的合格的燃气钢瓶，不得使用无警示标签、无充装标识、过期或者报废的钢瓶。

第六，严禁在液化石油气气瓶中掺混二甲醚。

第七，应当建立健全并严格落实燃气作业安全生产管理制度、操作规程。

第八，从业人员经安全培训合格后，方可上岗；企业负责人、从业人员要定期参加安全教育培训，掌握燃气的危害性及防爆措施。

第九，应当定期进行燃气安全检查，并制定有针对性的应急预案或应急处置方案，保证从业和施救人员掌握相关应急内容。

第十，应当与液化石油气供应单位签订安全供气合同，每次购气后留存购气凭证，购气凭证应当准确记载钢瓶注册登记代码。

四、市、县（市、区）人民政府交通运输主管部门的职责

危险货物是指具有易燃、易爆、有毒、放射性等特性的货物。在运输过程中，危险货物一旦发生事故，极易衍生燃烧、爆炸、泄漏等事故，对公众的人身、财产安全和环境安全造成很大威胁。而危险货物的运输存在货物种类繁杂、性质各异、运输量大、运输条件复杂、事故后果严重等特点。随着中国化学工业的发展和经济建设的需要，危险货物运输量越来越大。数据统计，危险化学品全生命周期中，在运输阶段发生事故的比例最高。危险化学品运输作为一种动态危险源，其运输管理难度也越来越大。危险化学品运输事故频繁发生，不仅严重危害人民群众的生命和财产安全，而且污染环境，造成了严重的社会影响。燃气就归属于危险货物的范畴。因此，必须加强燃气运输的安全管理，避免或减少燃气在运输过程中发生爆炸、燃烧、毒害、腐蚀等事故，防范遏制重特大事故，确保生命财产安全。

交通运输管理部门，是具有政府行政管理职能的行政管理部门。所管理交通运输包括：铁路、公路、水路、民航、邮政及城市客运领域和综合交通运输。但具体到燃气的运输管理中，市、县交通运输主管部门管理的范围仅限于道路、水路燃气运输企业及其运输车辆、船舶的监督管理。按照《危险化学品安全管理条例》，危险化学品的生产、储存、使用、经营、运输实施安全监督管理分别由不同部门负责。交通部门的职责主要包括两个方面：一是负责危险化学品道路运输、水路运输的许可以及运输工具的安全管理，对危险化学品水路运输安全实施监督；二是负责危险化学品道路运输企业、水路运输企业驾驶人员、船员、装卸管理人员、押运人员、申报人员、集装箱装箱现场检查员的资格认定。另外，铁路监管部门负责危险化学品铁路运输及其运输工具的安全管理；民航部门负责危险化学品航空运输以及航空运输企业及其运输工具的安全管理；邮政部门负责依法查处寄递危险化学品的行为。

根据《危险化学品安全管理条例》规定的职责，交通部门负责的危险货物运输监管领域为道路运输和水路运输领域，涉及对运输工具、企业、人员以及运输作业等方面的监督和管理。因此，交通运输部归口管理的危险货物运输标准，是在危险货物从供应地向接收地的实体流动过程中，围绕交通运输全过程，涵盖托运、承运、装卸、交付等环节，为满足危险货物运输安全管理需求制定的道路运输和水路运输领域的技术和管理要求；危险货物运输标准体系的范围，包括道路运输和水路运输领域的技术标准，含现行有效和待制定的国家标准和行业标准；纳入体系的标准，则被界定为与交通运输危险货物运输的基础通用、设施设备、运输作业、管理服务等活动直接相关的标准。铁路、民航和邮政单一领域的标准，以及公路水运工程建设标准不纳入体系。

五、市、县（市、区）人民政府公安机关的职责

公安机关是人民政府的重要组成部分，是国家的行政机关，同时它又担负着刑事案件的侦查任务。公安机关是政府的一个职能部门，依法管理社会治安，行使国家的行政权，同时公安机关又依法侦查刑事案件，行使国家的司法权。公安机关的性质具有双重性，既有行政性又有司法性。

公安机关的职责是预防、制止和侦查违法犯罪活动；防范、打击恐怖活动；维护社会治安秩序，制止危害社会治安秩序的行为；管理交通、消防、危险物品；管理户口、居民身份证、国籍、入境事务和外国人在中国境内居留、旅行的有关事务；维护国（边）境地区的治安秩序；警卫国家规定的特定人员、守卫重要场所和设施；管理集会、游行和示威活动；监督管理公共信息网络的安全监察工作；指导和监督国家机关、社会团体、企业事业组织和重点建设工程的治安保卫工作，指导治安保卫委员会等群众性治安保卫组织的治安防范工作。本条规定市、县（市、区）人民政府公安机关的职责是对燃气运输车辆的道路交通安全管理，依法查处危害公共安全的非法存储、销售、运输、盗用燃气和破坏燃气设施等违法犯罪行为。

六、市、县（市、区）人民政府应急管理部门的职责

（一）对燃气行业安全生产工作实施综合监督管理

所谓"安全生产"，就是指在生产经营活动中，为避免发生造成人员伤害和财产损失的事故，有效消除或控制危险和有害因素而采取一系列措施，使生产过程在符合规定的条件下进行，以保证从

业人员的人身安全与健康、设备和设施免受损坏、环境免遭破坏，保证生产经营活动得以顺利进行的相关活动。"安全生产"一词中所讲的"生产"，是广义的概念，不仅包括各种产品的生产活动，也包括各类工程建设和商业、娱乐业以及其他服务业的经营活动。

新时期安全工作生产的新要求就是牢固树立安全发展的理念，始终把保障人民群众生命安全放在首位，大力实施安全发展战略。以人为本，就是要以人的生命为本。在一个企业内，人的智慧、力量得到了充分发挥，企业才能生存并发展壮大。职工是企业效益的创造者，企业是职工获取人生财富、实现人生价值的场所和舞台。作为生产经营单位，在生产经营活动中，要做到以人为本，就要以尊重职工、爱护职工、维护职工的人身安全为出发点，以消灭生产过程中的潜在隐患为主要目的。具体来讲就是，当人的生命健康和财产面临冲突时，首先应当考虑人的生命健康，而不是首先考虑和维护财产利益。

在市场经济条件下，从事生产经营活动的市场主体为了追求利益的最大化，在生产经营活动中往往都是以盈利为目的，燃气行业也并不例外，同样存在以牺牲燃气从业人员甚至公众的生命安全为代价来换取利益的现象。如果不重视燃气的安全生产，一旦发生燃气事故，不但给他人的生命财产造成损害，燃气经营者自身也会遭受重大损失。因此，有必要对燃气行业安全生产工作实施综合监督管理，保证燃气的安全生产与管理。保障燃气的安全生产，首先，燃气经营者要承担自身的责任，这既是对社会负责，也是对燃气经营者自身负责。其次，国家作为社会公共利益的维护者，为了保障人民群众的生命财产安全，为了全体社会成员的共同利益，也必须运用国家权力，落实燃气的安全生产工作，对燃气的安全生产工作实施有效的监督管理。

（二）依法组织或者指导燃气生产安全事故调查处理

所谓"生产安全事故"，是指生产经营单位在生产经营活动（包括与生产经营有关的活动）中突然发生的，伤害人身安全和健康，损坏设备设施或者造成直接经济损失，导致生产经营活动（包括与生产经营有关的活动）暂时中止或永远终止的意外事件。按照国务院《生产安全事故报告和调查处理条例》的规定，根据生产安全事故造成的人员伤亡或者直接经济损失，将事故分为四个等级：特别重大事故、重大事故、较大事故、一般事故。燃气生产安全事故管理是指对燃气生产经营过程中的设备事故、管理或操作失误、燃烧爆炸事故、伤亡事故等进行调查、分析、研究、报告、处理、统计和档案管理等事故发生后的一系列工作。对事故现场进行勘查、取证，填写事故调查登记表，包括事故发生时间、上报时间、发生地点、事故类别、事故原因、内容等。之后对事故进行分析和处理，包括确定事故的性质，对属于责任事故进行责任分析并提出对责任者的处理意见，制订纠正和防范措施，建立事故档案等。

从业人员在生产经营活动中，在室内、室外、井下、高空、高温等不同环境和场所中工作，使用不同的机器设备和工具，进行采掘、砌筑、切屑、冲压、浇筑、焊接、切割、装配、爆破、驾驶、吊装等不同的作业活动，然而许多作业活动都存在某些可能会对人身和财产安全造成损害的危险因素。如果生产经营活动中对各种潜在的危险的因素缺乏认识，或者没有采取有效的预防、控制措施，这些潜在的危险极易造成生产安全事故。因此，保证燃气安全生产，预防和减少燃气事故的发生，是燃气生产经营管理活动中最重要的主题。政府部门依法组织或指导燃气安全事故的调查和处理，是对伤亡人员和受害群体的生命健康的负责体现。

（三）督促各相关单位履行燃气安全管理职责

燃气安全生产管理是燃气企业管理的重要内容，必须通过法律法规和政府机关的强制力去督促相关单位履行燃气安全管理的职责。"管生产必须管安全。"燃气生产经营单位必须严格遵守燃气安全生产法律法规、规章制度与技术标准，依法依规加强燃气的安全生产，加大安全投入，要依法设置燃气安全生产的管理机构、管理人员，建立健全本单位燃气安全生产的各项规章制度并组织实施，保持燃气安全设备完好有效。燃气生产经营单位的主要负责人、实际控制人要切实承担燃气安全生产第一责任人的责任，带头执行现场带班制度，加强现场安全管理。做好对燃气从业人员的安全生产教育和培训，燃气企业主要负责人、燃气安全管理人员、特种作业人员一律严格考核，持证上岗，职工必须全部经过培训合格后才能上岗。坚持不安全不生产。搞好燃气生产作业场所、设备、设施的安全管理等。

七、市、县（市、区）人民政府消防救援机构的职责

消防救援机构承担着监督检查、行政处罚、公众聚集场所开业前消防安全检查、火灾事故调查等执法事项，这些诸多都涉及群众的生产、生活、经营、权属等利益问题。燃气属于高危险气体，易燃、易爆、易中毒，一不小心极易引发安全事故。与此同时，燃气用户在不断增多，覆盖面逐渐扩大。截至 2018 年底，全市现有燃气企业 131 家，其中管道天然气企业 18 家（2 家在建），瓶装石油液化气企业 113 家。全市燃气行业从业人员 1821 人，安全管理及专业技术人员总数达 845 人，其中从事管道天然气行业 735 人，安全管理及专业技术人员 278 人；从事瓶装石油液化气行业 1086 人，

安全管理及专业技术人员 567 人。燃气用户总数达 115.8 万户，其中管道天然气用户 34.84 万户，瓶装石油液化气用户 80.96 万户。天然气场站 22 个，汽车加气站 3 家，天然气管线长度达 2788.5 公里，中心城区五区及上犹县用上了管输天然气，兴国、于都、信丰、石城、瑞金、龙南、全南、定南、寻乌、安远、大余、会昌用上了液化天然气，宁都、崇义天然气场站正在建设中。2018 年，全市天然气销量约 1.429 亿立方米，石油液化气销量约 5.397 万吨。因此，消防救援机构必须对燃气经营使用场所的消防安全情况进行监督检查，加强管理，以防燃气安全事故发生。

第六条【宣传教育】

市、县（市、区）人民政府以及燃气管理相关部门应当定期开展燃气法律、法规宣传教育，普及燃气安全知识，增强社会公众燃气安全和节约使用的意识，提高防范和应对燃气事故的能力。

学校应当将燃气安全教育纳入学生安全常识教育内容。

报刊、广播、电视、网络等新闻媒体应当开展安全用气、节约用气和燃气设施保护等方面的公益宣传。

物业服务企业或者其他管理人应当配合市、县（市、区）人民政府燃气主管部门和燃气经营者进行燃气安全宣传。

燃气经营者应当为用户提供燃气安全使用手册，宣传燃气安全使用、器具保养和事故紧急处置等基本常识。

【条文释义】

本条是加强燃气宣传教育的规定。

一、市、县（市、区）人民政府以及燃气管理相关部门的宣传职责

燃气的安全生产与管理工作事关国家和人民群众的生命财产安全。做好燃气安全生产管理工作，需要广大职工和社会公众积极主动的参与。各级人民政府及其燃气管理相关部门是普及和宣传燃气安全知识的重要主体。各级人民政府及其燃气管理相关部门应当采取多种形式，利用电视、报纸、广播以及互联网等新媒体，大力开展对燃气法律、法规宣传教育和燃气安全使用的知识普及，使有关燃气安全生产管理的法律法规的规定为广大燃气职工和社会公众所熟悉，努力提升燃气用户的安全用气意识，增强社会公众燃气安全和节约使用的意识，提高防范和应对燃气事故的能力。我国有关燃气的法律法规有很多，比如《安全生产法》《特种设备安全法》《行政许可法》《行政处罚法》等，这些法律法规的规定都要向社会公众普及宣传，使大家自觉知法、守法。此外，有关安全用气的燃气知识，特别是与燃气用户日常生活有关的用气知识，也要积极向社会公众宣传普及。

除了政府及其燃气管理相关部门的宣传，也可以充分发挥燃气职工和社会公众的监督作用，对政府及其燃气管理相关部门在燃气生产安全生产管理工作方面依法行政的情况，对促使燃气生产经营单位贯彻执行燃气安全生产管理法律法规真正落到实处，充分发挥社会监督、舆论监督和群众监督的作用。同时，政府及有关部门要针对不同行业生产经营活动的特点，督促包括燃气生产经营单位负责人在内的全体职工群众掌握本职工作所需要的燃气安全生产知识，做到燃气管理人员不违章指挥，作业人员不违章作业，人人增强安全用气意识，加强自我保护，尽可能防止和减少燃气生产安全

事故。《安全生产法》第 13 条规定，各级人民政府及其有关部门应当采取多种形式，加强对有关安全生产的法律、法规和安全生产知识的宣传，增强全社会的安全生产意识。《城镇燃气管理条例》第 7 条规定，县级以上人民政府有关部门应当建立健全燃气安监督管理制度，宣传普及燃气法律、法规和安全知识，提高全民的燃气安全意识。

二、学校的燃气安全教育

本条规定，学校应当将燃气安全教育纳入学生安全常识教育内容。这里的学校，是指各级各类学校，包括实施学前教育、普通初中教育、普通中等教育、职业教育、普通高等教育以及特殊教育、成人教育的学校。中共中央、国务院《关于推进安全生产领域改革发展的意见》规定，要健全安全宣传教育体系。将安全生产监督管理纳入各级党政领导干部培训内容，把安全知识普及纳入国民教育，建立完善中小学安全教育和高危行业职业安全教育体系。把安全生产纳入农民工技能培训内容。严格落实企业安全教育培训制度，切实做到先培训、后上岗。推进安全文化建设，加强警示教育，强化全民安全意识和法治意识。发挥工会、共青团、妇联等群团组织作用，依法维护职工群众的知情权、参与权与监督权。加强安全生产公益宣传和舆论监督。建立安全生产"12350"专线与社会公共管理平台统一接报、分类处置的举报投诉机制。鼓励开展安全生产志愿服务和慈善事业。加强安全生产国际交流合作，学习借鉴国外安全生产与职业健康先进经验。

燃气安全教育是燃气管理工作的重要组成部分，也是教育工作的主要内容。从小培养学生燃气安全常识的意识，是培养可持续发展人才的需要。燃气安全教育工作要重视以学生为对象的基础教育,把燃气安全教育作为学生素质培育的重要载体和显现形式,提高未来人才的综合素质。少年儿童是祖国的未来,民族的希望,在学校中广泛开展燃气安全教育,具有重要意义:有利于提高学生的安全用气意识。学生阶段是一个人身心发展的黄金时期,在教授知识的基础上,对学生进行燃气安全教育,不仅可以开阔学生视野,提高学生的认知,也可以提高学生的自我保护意识。同时,燃气安全教育是学生社会实践活动的组成部分。学生需要提前认识社会,提高认知能力,燃气安全教育对于学生综合素质的提高起到了重要作用。

学校的燃气安全教育方式可以多种多样,既可以将燃气知识纳入教材,也可以通过开展形式多样的校内外活动,如参加安全用气宣传活动、实践活动等使学生们在潜移默化和身体力行中养成保护环境的好习惯,形成良好的安全用气意识。此外,做好学校的燃气安全教育工作,不仅是学校的责任,同时也是各级教育行政部门的职责所在。教育行政部门作为教育的主管部门,要积极组织广大学生开展对学生的燃气安全教育活动,并对教师和其他教育工作者进行燃气法律法规和燃气知识方面的培训,提高教育工作中的安全用气意识和燃气知识水平。同时,教育行政部门还要对学校的燃气安全教育工作进行指导、督促和检查,确保燃气安全教育活动的正确开展。

三、报刊、广播、电视、网络等新闻媒体的宣传职责

本条规定,报刊、广播、电视、网络等新闻媒体应当开展安全用气、节约用气和燃气设施保护等方面的公益宣传。《安全生产法》第74条规定,新闻、出版、广播、电影、电视等单位有进行安全生产公益宣传教育的义务,有对违反安全生产法律、法规的行为进

行舆论监督的权利。就目前而言，新闻媒体大致包括报纸、广播、电视、互联网四大类。现代社会、新闻媒体的宣传具有受众广、传播快、影响大的特点，所以在燃气安全宣传方面，应充分发挥新闻媒体的作用。新闻媒体应当发挥其自身优势，以群众喜闻乐见的形式开展燃气法律法规和燃气知识的宣传，这也是新闻媒体应当履行的社会责任。应当指出的是：其一，媒体的安全用气宣传应当是一种公益宣传。公益宣传是指为促进、维护社会公众的利益而制作、发布的广告，或是为社会服务的宣传活动。一般来说，公益宣传是不收取费用的。其二，新闻媒体对安全用气、节约用气和燃气设施保护等方面的宣传是其应当履行的社会责任和法律责任，是必须要做的，不是可做可不做的一种活动。

新闻媒体除了要做好有关燃气方面的宣传，还要对燃气经营的违法行为进行舆论监督。舆论监督是指针对社会上某些组织或个人的违法违纪行为，或者其他不良现象及行为，通过新闻媒体的宣传报道进行曝光和揭露，抨击时弊、抑恶扬善，以达到舆论监督的目的。舆论监督具有事实公开、传播快速、影响广泛、揭露深刻等特点和优势，能够迅速将公众的注意力聚焦，形成巨大的社会压力，并引起政府和有关部门的关注，促使执法部门依法对违法行为进行查处。需要注意的是，新闻媒体报道燃气管理违法行为，应当客观、全面、准确，对报道的真实性负责，如果因不实报道给相关企业、单位的合法权益造成了损害，应当依法承担侵权赔偿责任。

四、物业服务企业或者其他管理人的宣传职责

物业服务企业作为从事经营活动或者公共场所的管理人，是承担安全保障义务的主体之一。这体现在物业服务纠纷中的安全保障义务，既涉及法定义务，亦经常更多地包含在合同义务中。安全保

障义务其产生背景源起于宾馆、饭店、银行、娱乐等服务经营场所和社会活动区域不甚安全，致公众人身、财产权益受侵害的案件屡有发生，而直接侵害人无法确定或虽已确定但无力承担赔偿责任。燃气是造成火灾、中毒事故的危险源，而事前的燃气安全宣传是物业服务企业履行安全保障义务的内容之一。因此，物业服务企业有责任也有义务配合人民政府燃气主管部门和燃气经营者进行燃气安全宣传，减少燃气安全事故的发生。

五、燃气经营者的宣传职责

企业生产管理的重要组成部分之一就是安全管理，所有的决策、计划、组织和控制等方面的活动都应当以保障安全为前提和目标。燃气经营企业从事的是公用事业，服务的对象是广大人民群众，有义务为燃气用户提供平稳、安全的用气环境。燃气经营企业要从切实保障用户安全出发，做好用户安全宣传教育的工作，通过报纸、电视等媒体向广大用户进行燃气安全宣传，定期在社区内进行燃气安全宣传和解答问题，发放燃气安全指南，普及燃气安全知识，加强用户的安全意识，尤其是在用户开户、抄表员上门抄表时以及在日常的安全用气宣传教育活动中，强调用户自身应尽的安全责任，引起用户对安全问题的重视。此外，燃气经营者还可以为用户提供燃气安全使用手册，宣传燃气安全使用、器具保养和事故紧急处置等基本常识，提高燃气用户的安全用气意识。

第二章　燃气发展规划与设施建设

　　本章是关于燃气事业发展规划与燃气设施建设的相关规定，共四条。燃气发展规划是全市国民经济和社会发展规划体系的重要组成部分，是指导燃气事业发展的依据。本章对燃气发展规划编制提出了具体要求。为了配合燃气规划的实施，本章对燃气设施用地进行了规定，并对燃气工程建设提出了要求，并提出了逐步推广管道燃气的目标。为了保障燃气供应，本章还要求政府和企业加强燃气储备设施、储备能力的建设。

第七条【燃气发展规划】

　　市、县（市、区）人民政府燃气主管部门应当会同有关部门，根据国民经济和社会发展规划、国土空间规划、能源规划以及上一级燃气发展规划，并与城市控制性详细规划相协调，编制本行政区域的燃气发展规划，经本级人民政府批准后组织实施，并报上一级人民政府燃气主管部门备案。

　　经批准的燃气发展规划，任何单位和个人不得擅自变更；确需变更的，应当按照原规划编制程序报送审批、备案。

　　经批准的燃气发展规划应当向社会公布。

【条文释义】

　　本条是燃气发展规划编制要求的规定。

燃气发展规划是全市国民经济和社会发展规划体系的重要组成部分，是指导燃气事业发展的依据。根据《城镇燃气管理条例》第8条第1款的规定，国务院建设主管部门应当会同国务院有关部门，依据国民经济和社会发展规划、土地利用总体规划、城乡规划以及能源规划，结合全国燃气资源总量平衡情况，组织编制全国燃气发展规划并组织实施。《江西省燃气管理办法》第5条规定，燃气主管部门应当根据国家产业政策、当地国民经济和社会发展的实际需要，编制燃气发展规划，经规划部门综合平衡后，纳入城乡总体规划。根据本条的规定，本行政区域燃气发展规划的编制，要以国民经济和社会发展规划、国土空间规划、能源规划以及上一级燃气发展规划为依据，要与城市控制性详细规划相协调。

一、本行政区域燃气发展规划的编制要求

（一）要以国民经济和社会发展规划、国土空间规划、能源规划以及上一级燃气发展规划为依据

第一，国民经济和社会发展规划。国民经济和社会发展规划是我国宏观规划体系中的重要组成部分，是全国或某一地区与特定领域经济、社会发展的总体纲要，以国民经济、科技进步、社会发展、城乡建设全部或部分领域为对象，体现了国家或地方在规划期内国民经济的主要活动、科技进步主要方向、社会发展的主要任务以及城乡建设各领域各方面所作的全面规划、部署和安排，提出了政府在规划期内经济社会发展的战略目标、主要任务、实施重点，是我国各级政府宏观调控的重要手段，也是国家履行经济调节、市场监管、社会管理和公共服务职责的重要依据。按照国务院《关于加强国民经济和社会发展规划编制工作的若干意见》，我国现有的国民经济和社会发展规划按照三级三类的原则进行管理，即国民经

济和社会发展规划按行政层级分为国家级规划、省（区、市）级规划、市县级规划；按对象和功能类别分为总体规划、专项规划、区域规划。本条所规定的燃气发展规划属于市县级的发展规划。国家层面的国民经济和社会发展规划在规划体系中层次最高，是地方其他规划的源头，处于规划决策的最前端。没有国民经济和社会发展规划，其他规划就是"无源之水、无本之木"。因此，本条所规定的市县级燃气发展规划应当以国民经济和社会发展规划为制定依据，此外，还应当以上一级的燃气发展规划为制定依据。

第二，国土空间规划。国土空间规划是国家空间发展的指南、可持续发展的空间蓝图，是各类开发保护建设活动的基本依据。国土空间规划与发展规划密切联系，共同组成国家统一规划体系。一是任务衔接。根据中共中央、国务院《关于统一规划体系更好发挥国家发展规划战略导向作用的意见》，国家发展规划，"聚焦事关国家长远发展的大战略、跨部门跨行业的大政策、具有全局性影响的跨区域大项目，把党的主张转化为国家意志，为各类规划系统落实国家发展战略提供遵循"。国家空间规划，"聚焦空间开发强度管控和主要控制线落地，全面摸清并分析国土空间本底条件，划定城镇、农业、生态空间以及生态保护红线、永久基本农田、城镇开发边界，并以此为载体统筹协调各类空间管控手段，整合形成'多规合一'的空间规划"。发展规划重在战略引导和政策指导，空间规划重在空间组织和开发控制，发展规划提出的国土开发和生态环境保护目标有待空间规划加以落实。二是功能互补。发展规划具有统领作用，"发挥国家发展规划统筹重大战略和重大举措时空安排功能，明确空间战略格局、空间结构优化方向以及重大生产力布局安排，为国家级空间规划留出接口"。空间规划具有基础作用，"强化国家级空间规划在空间开发保护方面的基础和平台功能，为国家发展规划确定的重大战略任务落地实施提供空间保障，对其他规划提出的基础设施、城镇建设、资源能源、生态环保等开发保护活动提供指导和约束"。统领作用体现规划的发展功能，基础作用体现规划的稳定功能，二者相辅相成，共同构筑起中国特色"规划大厦"。在燃气的设施建设中，需要考虑燃气设施建设用地的申请，这时就需要考虑国土空间规划来划定燃气设施建设用地。

第三，能源规划。能源规划是依据一定时期的国民经济和社会发展规划，预测相应的能源需求，从而对能源的结构、开发、生产、转换、使用和分配等各个环节作出的统筹安排。能源是国民经济发展的物质基础，能源工业是先行工业。因此，能源的发展和国民经济的发展必须保持适当的比例。在国民经济总体规划中，能源的发展既由国民经济发展所决定，同时对国民经济的发展也有促进和制约作用。一个国家或地区的能源规划最重要的是要加强能源需求预测和能源开发供应预测，做好能源统计和分析工作，对能源开发和节约的规划工作应加强可行性研究和技术经济论证，为正确作出决策提供科学依据。燃气作为重要的能源之一，燃气规划的制定也必须遵守国家层面的能源规划，对燃气的结构、开发、生产、转换、使用和分配等各个环节作出统筹安排。

（二）要与城市控制性详细规划相协调

城市控制性详细规划（regulatory plan）是市、县人民政府城乡规划主管部门根据城市、乡镇总体规划的要求，用以控制建设用地性质、使用强度和空间环境的规划。《城市规划编制办法》第22条至第24条规定，根据城市规划的深化和管理的需要，一般应当编制控制性详细规划，以控制建设用地性质、使用强度和空间环境，作为城市规划管理的依据，并指导修建性详细规划的编制。控制性详细规划主要以对地块的用地使用控制和环境容量控制、建筑建造控制和城市设计引导、市政工程设施和公共服务设施的配套以及交通活动控制和环境保护规定为主要内容，并针对不同地块、不同建设项目和不同开发过程，应用指标量化、条文规定、图则标定等方式对各控制要素进行定性、定量、定位和定界的控制和引导。控制性详细规划是城乡规划主管部门作出规划行政许可、实施规划管理的依据，并指导修建性详细规划的编制。

二、燃气发展规划的批准、备案、变更、公布

根据《城镇燃气管理条例》第8条第2款的规定，县级以上地方人民政府燃气管理部门应当会同有关部门，依据国民经济和社会发展规划、土地利用总体规划、城乡规划、能源规划以及上一级燃气发展规划，组织编制本行政区域的燃气发展规划，报本级人民政府批准后组织实施，并报上一级人民政府燃气管理部门备案。根据本条的规定，市、县（市、区）人民政府燃气主管部门编制本行政区域的燃气发展规划，要经本级人民政府批准后组织实施，并报上一级人民政府燃气主管部门备案。经批准的燃气发展规划，任何单位和个人不得擅自变更，确需变更的，应当按照原规划编制程序报送审批、备案。经批准的燃气发展规划应当向社会公布。

第八条【燃气设施用地】

在城乡建设中，应当按照市、县（市、区）国土空间规划和燃气发展规划，配套建设燃气设施或者预留燃气设施建设用地。预留的燃气设施建设用地，未经依法批准不得改变用途。

在燃气发展规划确定的燃气管网覆盖范围内进行新区建设、旧

区改造，建设单位应当配套建设管道燃气设施，与房屋和道路等主体工程同时设计、同时施工、同时竣工验收、同时移交建设档案资料。

【条文释义】

本条是燃气设施建设要求的规定。

一、燃气设施建设要以国土空间规划和燃气发展规划为指导

在我国，国土空间规划和燃气发展规划具有重要地位。它主要是阐明国家和地方战略意图、明确政府工作重点、引导市场主体的行为，是特定时期内国土规划和燃气发展的宏伟蓝图，是人们共同行动的纲领，是政府履行经济调节、市场监管、社会管理和公共服务职责的重要依据。具体而言，规划提出了一定时期国土规划和燃气发展方向的基本战略、基础任务和宏观调控目标，确定了发展的重大事项以及需要配套实施的具体政策。这集中体现了规划的宏观性、战略性、政策性和导向性，有利于引导全社会形成共识，也是政府运用经济、法律、行政等各种手段进行宏观调控的基本依据。燃气设施建设作为保障燃气主体工程的配套性建设，涉及公共建设用地的规划，因此也必须以国土空间规划和燃气发展规划为建设指导依据。

二、管道燃气设施建设要遵循"四同时"原则

管道燃气事故的发生，很多是由于生产经营单位缺乏安全意识，在建设管道燃气项目的设计和施工阶段忽视安全要求，没有配备应有的安全设施，从而导致管道燃气项目建成后，存在严重的设计性安全隐患，而消除这些隐患往往需要付出巨大的代价，有些甚

至不可挽回，从而造成严重的资金浪费并可能造成燃气安全事故。特别是随着我国市场经济的发展，不少单位为了最大限度地追求经济利益，更加不重视安全设施建设的问题。在管道燃气建设项目的设计施工阶段就做好燃气安全事故的预防工作，对于防止和减少燃气安全事故有重要的意义。为了确保管道燃气建设项目安全设施的建设，本条规定在燃气发展规划确定的燃气管网覆盖范围内进行新区建设、旧区改造，建设单位应当配套建设管道燃气设施，与房屋和道路等主体工程同时设计、同时施工、同时竣工验收、同时移交建设档案资料。这就是管道燃气设施建设的"四同时"原则。"同时设计"，是指建设项目的初步计划，应当按照管道燃气设计规范的要求，规划设计管道燃气设施建设。"同时施工"，是指在建设项目施工阶段，建设单位应当将管道燃气设施建设的施工纳入项目的施工计划，保证其建设进度和资金落实。"同时竣工验收"，是指建设单位必须把管道燃气设施与主体工程同时竣工运转、同时验收。"同时移交建设档案资料"，是指建设单位必须将管道燃气设施的建设档案材料与主体工程的建设档案一起移交受理机关。

管道燃气设施建设的"四同时"应当达到的要求：

第一，管道燃气设施建设项目的设计单位在编制建设项目投资计划文件时，应同时按照有关法律、法规、国家标准或者行业标准以及设计规范，编制安全设施的设计文件。管道燃气安全设施的设计不得随意降低安全设施的标准。

第二，对于按照有关规定项目设计需报主管部门批准的建设项目，在报批时，应当遵守安全设施设计文件。按照规定，安全设施设计需报主管的负有安全生产监督管理职责的部门审批的，应依法报批。

第三，在生产设备调试阶段，应对管道燃气设施进行调试和考核，对其效果进行评价。

第九条【燃气工程建设】

对燃气发展规划范围内的燃气设施建设工程，市、县（市、区）人民政府行政审批有关部门在依法核发选址意见书时，应当就燃气设施建设是否符合燃气发展规划征求燃气主管部门的意见；不需要核发选址意见书的，市、县（市、区）人民政府行政审批有关部门在依法核发建设用地规划许可证或者乡村建设规划许可证时，应当就燃气设施建设是否符合燃气发展规划征求市、县（市、区）人民政府燃气主管部门的意见。

在燃气发展规划确定的燃气管网覆盖范围内的住宅小区、保障性住房、工业园区和其他需要使用燃气的建设项目，不得建设小区气化站、瓶组站。

在具备管道燃气供气条件而尚未安装燃气管道的老旧住宅小区，市、县（市、区）人民政府应当逐步推广使用管道燃气。

【条文释义】

本条是关于燃气设施建设行政许可的规定。

一、燃气设施建设需取得行政许可

行政许可是指在法律一般禁止的情况下，行政主体根据行政相对方的申请，通过颁发许可证或执照等形式，依法赋予特定的行政相对方从事某种活动或实施某种行为的权利或资格的行政行为。这一概念包含三层含义：一是存在法律一般禁止；二是行政主体对相对人予以一般禁止的解除；三是行政相对方因此获得了从事某种活动或实施某种行为的资格或权利。《行政许可法》第 2 条规定，本法所称行政许可，是指行政机关根据公民、法人或者其他组织的申请，经依法审查，准予其从事特定活动的行为。行政许可作为一种重要的行政管理手段，对于维护公民人身财产安全和公共利益，加强经济宏观调控，保护并合理分配有限资源等方面都具有重要作用。政府之所以广泛利用和偏爱行政许可，甚至将行政管理等同于行政许可，正是由于行政许可除了具有行政权的普遍功能，由于其自身的特殊性，还有一些积极的、不同于其他行政权的显著功能：一是预防和控制危险；二是限制权利任意行使；三是控制资源合理配置；四是设定市场准入规则；五是提供政府公信支持。从积极方面来讲，行政许可的作用还可以归纳为以下几点：一是有利于加强国家对社会经济活动的宏观管理；二是有利于维护社会秩序，保障公共安全和社会公共利益；三是有利于维护经济秩序，制止不法经营，防止不正当竞争；四是有利于保障对自然资源的合理利用，保护生态环境。

燃气工程建设是涉及公共安全和社会公共利益的项目，行政机关要严格运用法律程序把控燃气设施建设工程的准入，提高燃气设施建设工程的质量，维护社会公共利益。《城镇燃气管理条例》第 11 条规定，进行新区建设、旧区改造，应当按照城乡规划和燃气发展规划配套建设燃气设施或者预留燃气设施建设用地。对燃气发展规划范围内的燃气设施建设工程，城乡规划主管部门在依法核发选址意见书时，应当就燃气设施建设是否符合燃气发展规划征求燃气管理部门的意见；不需要核发选址意见书的，城乡规划主管部门在依法核发建设用地规划许可证或者乡村建设规划许可证时，应当就燃气设施建设是否符合燃气发展规划征求燃气管理部门的意见。

燃气设施建设工程竣工后，建设单位应当依法组织竣工验收，并自竣工验收合格之日起 15 日内，将竣工验收情况报燃气管理部门备案。

二、在燃气发展规划确定的燃气管网覆盖范围内的住宅小区、保障性住房、工业园区和其他需要使用燃气的建设项目，不得建设小区气化站、瓶组站

这一规定是在《赣州市燃气管理条例（草案）》第一次审议中通过，有意见认为，在燃气发展规划确定的燃气管网覆盖范围内的住宅小区、保障性住房、工业园区和其他需要使用燃气的建设项目中，禁止小区气化站、瓶组站的建设，可以有效地保证燃气安全。此外，从资源利用角度看，被燃气管网所覆盖的住宅小区、保障性住房、工业园区和其他需要使用燃气的建设项目，已经可以满足其燃气需求，再建设小区气化站、瓶组站，是对燃气设施及其燃气管理人员等方面的资源浪费。

第十条 【燃气应急储备】

市、县（市、区）人民政府应当组织编制燃气应急预案，根据燃气供应的实际情况规划、组织建设应急储气设施，并按照国家有关规定储存燃气。

燃气经营者应当建设应急储气设施，增强储气能力，市、县（市、区）人民政府应当给予支持。

【条文释义】

本条是关于燃气储备应急储备的规定。

近年来，我国天然气行业迅速发展，天然气消费持续快速增

长，在国家能源体系中重要性不断提高。与此同时，储气基础设施建设滞后、储备能力不足等问题凸显，成为制约天然气安全稳定供应和行业健康发展的突出短板。一旦燃气无法正常供应或者发生燃气突发事件，将直接影响城市正常运行和人们的生活，威胁社会公共安全和公共利益。因此，有必要对城市燃气应急储备规模进行分析，进而指导应急储备设施的建设与布局。

国家发展和改革委员会、能源局《关于加快储气设施建设和完善储气调峰辅助服务市场机制的意见》（发改能源规〔2018〕637号）第四部分规定，储气能力指标供气企业应当建立天然气储备，到2020年拥有不低于其年合同销售量10%的储气能力，满足所供应市场的季节（月）调峰以及发生天然气供应中断等应急状况时的用气要求。县级以上地方人民政府指定的部门会同相关部门建立健全燃气应急储备制度，到2020年至少形成不低于保障本行政区域日均3天需求量的储气能力，在发生应急情况时必须最大限度保证与居民生活密切相关的民生用气供应安全可靠。北方采暖的省（区、市）尤其是京津冀大气污染传输通道城市等，宜进一步提高储气标准。城镇燃气企业要建立天然气储备，到2020年形成不低于其年用气量5%的储气能力。不可中断大用户要结合购销合同签订和自身实际需求统筹供气安全，鼓励大用户自建自备储气能力和配套其他应急措施。《城镇燃气管理条例》第12条规定，县级以上地方人民政府应当建立健全燃气应急储备制度，组织编制燃气应急预案，采取综合措施提高燃气应急保障能力。燃气应急预案应当明确燃气应急气源和种类、应急供应方式、应急处置程序和应急救援措施等内容。县级以上地方人民政府燃气管理部门应当会同有关部门对燃气供求状况实施监测、预测和预警。本条也要求市、县

（市、区）人民政府切实承担起建设天然气应急储备的职责，应当组织编制燃气应急预案，根据燃气供应的实际情况规划、组织建设应急储气设施，并按照国家有关规定储存燃气，市县（市、区）人民政府可以通过购买服务的方式要求燃气经营企业加大燃气应急储备。

一、燃气应急储备制度的立法原则

公共服务理念的传播和推广在新的历史时期具有重要意义，政府在履行必要的能源监管职能的同时，应当随着经济社会发展和所处国际、国内环境变化，及时建立能源储备制度，以应对能源危机和经济发展困境，为民众提供更好的能源环境。

（一）社会性原则

燃气应急储备除了发挥政府的主导作用，还应当积极发挥能源企业，包括国有企业和私营企业的社会责任，推动政府和企业相结合的储备体制。在企业层面，应当鼓励燃气企业、铁路企业等多类型主体共同参与，形成以国有企业为主、国有企业和民营企业共同参与的格局，充分保障燃气储备的现实可操作性。采取积极的财政政策和优惠的税收政策，鼓励企业参与能源储备，并积极发挥燃气工业协会等第三部门的作用。

（二）市场化原则

燃气应急储备的确立和运作必须依托并依靠市场，符合市场经济客观规律。应急储备基地建设和储备运营应当充分发挥市场配置资源的作用，以企业为建设主体，实行市场化运作，自主经营、自负盈亏。但市场化原则并非让企业完全自我承担，必须辅以政府的宏观调控和必要的行政指导，中央政府和地方政府应当加强对区域内燃气应急储备基地建设和储备运作的规划指导。

（三）效率效能原则

燃气储备必须坚持效率效能原则，体现应对突发事件的行政高效性。燃气储备基地的选择和部署、现货储备的轮库模式、燃气储备运作模式的选择以及燃气储备规模的确定，都需要考虑经济性原则，从燃气储备的效率效能角度出发，在实现保障能源安全和经济发展的同时，遵循效益最大化的经济目标。

（四）安全环保原则

燃气应急储备涉及储备场所的使用、周转和运输问题，应当注重发挥规模效应，避免重复建设、过滥建设，提高使用效率。同时，应当注意储备中的环境保护问题。在长期存放过程中，会产生燃气爆炸以及外部火灾隐患等问题，燃气泄漏则会形成空气污染问题。因此，国家和有关地方建设应急储备体系时需要重点解决安全和环保问题。

二、燃气应急储备的基本要求

（一）应急储备天数

根据《天然气基础设施建设与运营管理办法》的相关要求，县级以上地方人民政府至少形成不低于保障本行政区域 3 天需求量的应急储备能力，保证与居民生活密切相关的民生用气供应安全可靠。

（二）应急保障对象

天然气用户种类齐全，分为工业用户、居民用户、商业用户、压缩天然气加气站用户等。工业用户在化工、医药、轻纺、食品、机械、电子、冶金、建材、玻璃行业分布广泛。工业与民用燃气管网交织，不可完全分割。居民用户关系国计民生，是保障的首要对象。商业用户由于分布广、用户多、影响大，也应充分保障。城市公交车、出租车的压缩天然气改造达 100%，关系城市公共交通运行大局，必须全力保障。对工业用户，根据其工艺特点从技术上确定保障措施。对完全中断供气会造成设备报废事故的工业用户，提供保证安全的用气量；对其余工业用户，尽量满足其需求。

综合考虑各类用户的用气保障程度及替代能源可行性，可以将用户分为3类，分别为不可中断类、适当控制类和可中断类。①不可中断类：根据天然气利用政策，应优先满足城镇居民炊事和生活热水用气，因此居民用户按不可中断类用户考虑。②适当控制类：在冬季采暖用气高峰，为了应对突发事件的发生，可以采取适当减少燃气供应量、降低室内供暖温度的应急措施来保障天然气的安全供应，因此采暖用户按适当控制类用户处理。③可中断类：工业、燃气汽车及商业用户可以由其他燃料如液化石油气、柴油、汽油替代，因此工业用户、燃气汽车及商业用户均纳入可中断类用户范畴。

三、市、县人民政府燃气应急储备的职责

本条规定，市、县（市、区）人民政府应当组织编制燃气应急预案，根据燃气供应的实际情况规划、组织建设应急储气设施，并按照国家有关规定储存燃气。应急预案是人类社会因应风险挑战及危机事件所开展的适应活动，试图利用知识与经验来分析和预测风险灾害危机与本地特性，将政府、社会、市场、家庭、个人等多元主体行为纳入行动规划，在消减风险与损失的目标下构建起结构清晰、功能明确的措施文本。燃气应急预案是针对可能的燃气重大事故（件）或灾害，为保证迅速、有序、有效地开展应急与救援行动、降低事故损失而预先制定的有关计划或方案。其目的是解决"燃气突发事件事前、事发、事中、事后，谁来做、怎样做、做什么、何时做、用什么资源做"的问题。应急预案编制与管理是应急

管理工作的关键环节，在燃气应急预案编制过程中应当注意以下方面：

第一，应急预案编制与管理需要协调各方利益结构。政府应急预案是基于有效应对灾害危机目标的多部门协调行动计划，应急预案编制过程将涉及不同政府部门之间的职责分工。随着政府应急管理体系的规范化程度提升，应急预案愈发成为评价政府及其部门应急管理行为的基础，从而引致应急预案中的不同层面主体利益影响及博弈。应急预案制定牵涉多部门，应急管理中的协调者、主责者、支持者以及规制对象在应急预案中的利益考量及行为将会深刻影响应急预案质量。

在应急预案编制与管理过程中，可能出现部门之间由于应急管理责权的分歧而导致应急预案难以在部门操作细节层面进行更优建构的情况。针对风险管理阶段的预案编制过程，需要从政治与行政系统高位推动地方政府或部门的风险管理责任体系建设，在风险管理中合理应用政治激励工具。单一部门在应急预案编制中需要充分利用高位推动势能，综合协调多部门开展风险管理工作，并将相关责权、运行过程等制度化到应急预案之中。此外，开展预案编制过程需要充分开展部门调研和协商，以此避免部门之间因推诿避责所引致的应急预案功能失灵，同时也要形成以公共利益为基础且具有弹性空间的应急管理合作。

第二，应急预案编制与管理需要与组织结构形成有机嵌入。应急预案是各类组织应对灾害危机的行动方案，形成匹配组织结构特性的应急预案是提升预案效能的基本方式。其一，应急预案的组织结构设计需要与府际分工相结合。不同层级应急预案应当能够体现出本层级政府在应急管理中的职能定位，有必要通过应急预案编制来减少府际之间的应急职能冲突。应急预案体系应当体现行政体系的差异性,顶层预案注重指导原则,地方预案注重基础工作。灾害危机所造成的影响首先是本地性的,不同层级政府在应急管理中的角色与分工不同,地方预案尤其是基层应急预案应当注重资源和能力分析以及执行能力建设。其二,应急预案的组织结构需要与党政分工相结合。党政分工结构使得公共事务治理中的政治与行政关系的处理变得至关重要,应急预案编制与管理也应当体现出党政分工的基础结构及其衍生功能,这些都应吸纳进预案结构之中。其三,应急预案的组织结构需要与社会主体参与相结合。在多元组织构成的社会系统中,政府、市场、社会、家庭存在应急功能差异,需要回应复杂组织结构以保障应急预案编制与管理的社会性。应急预案中还需要充分考虑纳入政府之外的市场、社会、家庭等组织,理顺主体间应急管理关系,推动应急预案编制与管理中的多元组织参与,增加应急预案与社会系统多元组织关系之间的互动。

四、燃气经营者燃气应急储备的职责

加强储气和调峰能力建设,是推进天然气产供储销体系建设的重要组成部分。天然气作为优质高效、绿色清洁的低碳能源,未来较长时间消费仍将保持较快增长。尽快形成与我国消费需求相适应的储气能力,并形成完善的调峰和应急机制,是保障天然气稳定供应,提高天然气在一次能源消费中的比重,推进我国能源生产和消费革命,构建清洁低碳、安全高效能源体系的必然要求。国家发展改革和发展委员会、国家能源局印发的《关于加快储气设施建设和完善储气调峰辅助服务市场机制的意见》强调,明确政府、供气企业、管道企业、城镇燃气企业和大用户的储气调峰责任与义务,建立和完善辅助服务市场机制,形成责任明确、各方参与、成本共担、机制顺畅、灵活高效的储气调峰体系，为将天然气发展成我国现代能源体系中的主体能源之一提供重要支撑。在构建储气调峰辅助服务市场中强调，要将自建、合建、租赁、购买等多种方式相结合以履行储气责任。鼓励供气企业、管输企业、城镇燃气企业、大用户及独立第三方等各类主体和资本参与储气设施建设运营。支持企业通过自建合建储气设施、租赁购买储气设施或者购买储气服务等方式，履行储气责任。支持企业异地建设或参股地下储气库、液化天然气接收站及调峰储罐项目。本条规定也强调了燃气经营者的储气责任，规定燃气经营者应当加强应急储气设施建设，增强储气能力。

第三章　燃气经营与服务

本章是关于燃气经营者经营与服务的规定，共 11 条。本章主要规定了燃气经营许可制度，并界定了我市燃气经营的三种类型。本章首先界定了燃气经营者需遵守的一般行为规则，后从管道燃气、瓶装燃气和车用燃气三个方面规范了不同类型的燃气经营者所应遵守的特殊规则。

第十一条 【燃气经营许可】

从事燃气经营活动的，应当依法取得燃气经营许可证。燃气经营包括管道燃气经营、瓶装燃气经营和车用燃气经营。

燃气经营许可证有效期为三年，燃气经营者需要延续行政许可的，应当在经营许可期限届满九十日前向作出行政许可决定的行政机关提出申请。行政机关应当在有效期届满三十日前作出是否准予延续的决定。

【条文释义】

本条是关于燃气经营许可证制度以及燃气经营类型的规定。

一、燃气经营许可证

《城镇燃气管理条例》第 15 条规定：国家对燃气经营实行许可证制度。从事燃气经营活动的企业，应当具备下列条件：①符合燃气发展规划要求；②有符合国家标准的燃气气源和燃气设施；③有固定的经营场所、完善的安全管理制度和健全的经营方案；④企业的主要负责人、安全生产管理人员以及运行、维护和抢修人员经专业培训并考核合格；⑤法律、法规规定的其他条件。符合前款规定条件的，由县级以上地方人民政府燃气管理部门核发燃气经营许可证。因此，燃气经营许可证是燃气经营企业成立的前置条件。也就是说，只有取得燃气经营许可证，才能到工商行政管理部门办理燃气经营企业工商注册登记，燃气经营企业才能依法成立，才可能从事燃气经营行为。

（一）燃气经营许可制度演变过程

1. 无前置审批时期

原国家城市建设总局于 1982 年 3 月颁布的《液化石油气安全管理暂行规定》、原国家城乡建设环境保护部于 1982 年 12 月和 1985 年 6 月发布的《城市人工煤气安全管理暂行规定》《城市煤气工作暂行条例》以及原国家建设部、原劳动和社会保障部、公安部于 1991 年 3 月出台的《城市燃气安全管理规定》，都没有规定燃气企业需要申报任何审查、审批和许可的制度。因为在 20 世纪 90 年代之前，燃气企业基本都有国有资本背景。一般由地方政府通过财政支出直接开展燃气经营活动，市场化程度较低，国有燃气企业无需审批手续即可从事燃气经营活动。

2. 资质分级审批时期

从当时任职于建设部城建司的人员发表的文章内容得知，为落实国家"对国家法律部门专门规定的，涉及国家垄断、社会安全、人民健康的行业，以及知识技术密集度较高的行业，需要进行严格的资格审查"的规定，加强城市燃气的行业管理，规范企业和市场行为，国家对城市燃气企业开展资质审查管理工作。

1993 年 12 月，原建设部、原国家工商行政管理局发布《城市燃气和集中供热企业资质管理规定》，规定凡是从事城市供气经营活动的企业，必须按照规定办理燃气企业资质审查手续。而城市燃气企业资质审查工作根据企业供气能力实行分级审批制：国务院主管部门负责供气能力在 20 万户以上（含 20 万户）燃气企业的资质审查工作；省级政府主管部门负责供气能力在 20 万户以下的燃气企业的资质审查工作。该规定颁发前已设立的城市燃气企业，直接进入正式资质审查环节。新建城市燃气企业的资质审查工作由初审和正式审查两个环节组成，新建企业需要提交资料申报资质初审，经主管部门初审同意后，方可到工商部门办理登记注册手续。企业满足保障供应和安全生产条件后进行试运行，试运行合格后主管部门对企业进行正式资质审查验收，正式审查合格即向企业颁发《城市燃气企业资质证书》，证书的有效期为 5 年，有效期届满前燃气企业需提出复审书面申请。通过复审的，换发新资质证书。

1996 年 7 月，原建设部修改了《城市燃气和集中供热企业资质管理规定》，修改内容主要为调整下放部分资质审批权限，规定了供气能力在 20 万户以上（含 20 万户）燃气企业的资质审批，可由省级政府主管部门负责，具体操作流程为先进行预审并提出审查意见，之后报国务院建设行政主管部门审批；也可以由国务院主管部门直接委托省级政府主管部门审批，然后由国务院主管部门核准发证。而供气能力在 20 万户以下的燃气企业资质审查工作继续由省级政府主管部门负责，但增加了审批后报国务院主管部门备案的环节。

1997 年 12 月，原建设部出台《城市燃气管理办法》，该办法明确城市管道燃气实行区域性统一经营，瓶装燃气可以多家经营。燃气供应企业必须通过资质审查和工商登记注册后才能开展燃气经营业务。

3. 非强制行政许可时期

为完善社会主义市场经济体制，进一步转变政府职能，继续深入推进行政审批制度改革，国务院于 2002 年 11 月公布《关于取消第一批行政审批项目的决定》，其中第 300 项决定取消燃气企业资质审批。

2003 年 8 月，国家出台了《行政许可法》，规定直接涉及公共安全、人身健康、生命财产安全等特定活动的审批事项和直接关系公共利益的特定行业的市场准入事项，都可以设定行政许可事项。因为燃气进入千家万户，是现代生活不可或缺的燃料，同时燃气也是极其危险的化学品，操作不当很容易就发生安全事故。因此，根据《行政许可法》的规定，必须对燃气行业经营资格设置一定的准入条件，设立燃气经营行政许可制度。《行政许可法》的出台实施，标志着国家法律正式将燃气经营活动的审批事项和燃气行业市场准入事项纳入行政许可体系。国家创设燃气经营许可制度，规定燃气经营许可的具体条件，要求燃气经营者必须具备足够的安全生产和供气服务的能力，充分落实安全生产、安全供气的主体责任，有利于规范燃气经营活动秩序，确保燃气供气秩序的持续、安全、稳定。

但值得注意的是，当时《行政许可法》第 12 条第 1 项规定的事项是"可以"设定行政许可，此处使用"可以"这种授权性表述，而没有使用"必须""应当"等强制性表述，表明国家允许各地可以根据自己的实际情况，选择是否将城镇燃气企业经营许可纳入行政许可管理体系，这也就意味着此时的燃气行政许可制度并不具有强制性。随后，全国各地如山东、江苏、天津、北京、上海等省、市陆续颁布地方性法规，在地方设立了城镇燃气经营许可制度，各地在探索实施城镇燃气经营许可制度后成效显著，得到了燃气行业和公众的认同，同时也累积了比较丰富的实践经验，为后来全国建立统一的城镇燃气经营许可制度奠定了基础。

2002 年取消燃气企业资质审批制度后，为防止出现燃气管理的真空地带，国务院于 2004 年 6 月公布《国务院对确需保留的行政审批项目设定行政许可的决定》（国务院令第 412 号），其中明确设置关于"城市新建燃气企业审批"的行政许可事项。此后，原建设部于 2004 年 10 月根据该决定的要求，发布《关于纳入国务院决定的十五项行政许可的条件的规定》，将"城市新建燃气企业审批"的行政许可申请条件规定为 11 项具体要求，包括燃气建设项目需要符合规划以及对燃气设施、从业人员、抢险预案、经营制度、安全管理制度等方面要求。

4. 统一城镇燃气经营许可制度时期

根据 2004 年《行政许可法》的规定，国务院制定了第一部有关城镇燃气行业行政法规——《城镇燃气管理条例》。该条例经 2010 年国务院第 129 次常务会议通过，2011 年 3 月 1 日起施行。其中，第 15 条第 1 款规定"国家对燃气经营实行许可证制度"，这一规定标志着我国正式确立了全国统一的城镇燃气经营许可制度。

设立城镇燃气经营许可制度后，《国务院对确需保留的行政审批项目设定行政许可的决定》设立的"城市新建燃气企业审批"行政许可就同时废止。2011 年 9 月，住房和城乡建设部颁布《关于废止〈城市燃气安全管理规定〉、〈城市燃气管理办法〉和修改

〈建设部关于纳入国务院决定的十五项行政许可的条件的规定〉的决定》删除了"城市新建燃气企业审批"的行政许可。确立全国统一的城镇燃气经营许可制度后，所有想从事燃气活动的市场主体必须依法取得燃气经营许可证，这样的制度设计能规范燃气行业经营者的准入门槛和保障市场经营秩序。

（二）燃气经营许可制度的作用

燃气经营许可证制度是《城镇燃气管理条例》所确立的一项重要法律制度，是政府依法加强燃气管理的一种事前控制手段，也是企业进入燃气经营市场的门槛。燃气经营许可制度的功能，主要是配置资源和控制危险，优化燃气安全管理，即"配置资源"与"防范风险"。根据行政许可法原理，只有当行业具有某些特性，包括"有限自然资源开发利用、公共资源配置以及直接关系公共利益的特定行业"与"直接关系公共安全、人身健康、生命财产安全的"，行政机关才能设定行政许可。燃气是一种不可再生资源，行政机关为了管理燃气市场，使公共资源得到合理配置，必须要设定一定门槛，此为"配置资源"；燃气作为关系人们日常生活、本身又具有一定危险性的公共资源，必须要对其加强管理以防范风险，此为"防范风险"。随着经济的发展，燃气行业也在进行市场化改革，"抓住中间，放开两头"。对于下游的燃气行业来说，要放开限制，使其充分竞争。因此，目前实践中，我们可以看到，一般只要是符合燃气经营许可管理办法的企业，取得燃气经营许可证并不困难，燃气经营许可的"配置资源"功能正在逐渐减弱，但燃气经营许可的"防范风险"功能却依旧是重中之重，防范风险的关键在于燃气安全管理。

（三）燃气经营许可证的相关规定

行政许可是指行政机关根据公民、法人或者其他组织的申请，经依法审查，准予其从事特定活动的行为。从事燃气经营活动需要依法申请经营许可证。燃气经营许可证的管理需要遵循相关规定。《江西省城镇燃气经营许可证管理办法》第 11 条第 2 款规定：《燃气经营许可证》有效期 3 年。燃气经营企业需要延续已取得的燃气经营许可证的，应当在《燃气经营许可证》有效期届满 90 日前，向作出许可决定的机关提出申请。燃气主管部门应当在《燃气经营许可证》有效期届满前作出是否准予延续的许可决定。

二、燃气经营类型

根据运输方式的不同，本条将燃气经营分为三类，分别为管道燃气经营、瓶装燃气经营和车装燃气经营。

第十二条【签订供气合同】

燃气经营者应当与用户签订供气合同，明确双方的权利和义务，不向未签订合同的用户提供燃气。

【条文释义】

本条是关于燃气经营者与用户签订合同的规定。

合同是民事主体之间设立、变更、终止民事法律关系的协议。《民法典》第 465 条规定，依法成立的合同受法律保护。依法成立的合同，仅对当事人具有法律约束力，但是法律另有规定的除外。合同具有以下几方面的法律特征：其一，合同是两个以上法律地位平等的当事人意思表示一致的协议；其二，合同以产生、变更或终止债权债务关系为目的；其三，合同是一种民事法律行为。

燃气供气合同是燃气经营者与燃气用户之间设立、变更、终止燃气买卖法律关系的协议。签订燃气供气合同是燃气建设工程中尤为重要的一项前期基础工作，对明确各方在燃气供应中的义务、责任、权益以及质量标准等均有着直接的指导和约束作用。另一方面，燃气经营者和用户签订供气合同，明确约定了双方的权利、责任和义务，用户交纳押金，免费使用燃气经营者储配站自有产权钢瓶等。同时，燃气经营者将用户信息录入系统，逐步完善用户档案，建立起可靠的燃气用户管理体系。用户今后若想停止使用燃气，可凭押金发票和液化石油气钢瓶随时办理退瓶结算手续并领回押金，双方终止合同。将销售环节的实名登记工作前移，既能保证登记信息的准确性和完整性，又能避免日后用户再次购气时的重复登记，也减少了工作人员不必要的重复劳动，一举多得。因此，燃气经营者与燃气用户签订燃气供应合同尤为重要。

一、签署燃气供气合同的重要性和必要性

第一，口头的承诺难以记录约定事实的存在，而双方的书面承诺则有法可依，有据可寻，促使绝大部分合作者都能规范地承诺和履行合作，从而使合作的结果完美化、合法化，降低违约风险，促使社会经济快速高效发展。

第二，合同是当事人就一定的事件约定的双方权利义务归属的文书，是合同履行的依据。合法有效的合同约定了合同双方的权利和义务，对合同的履行有积极的作用，能够较为有效地约束违约行为，能够最大限度地保障自己的合法权利。

第三，签订燃气供气合同有利于燃气企业的成熟发展。我国天然气市场的开拓刚刚起步时，合同双方都缺乏经验，供气方没有经营、管理长达4000千米管线的经验，也没有完善的储气设施，系统的调峰能力差，对城市用气规律缺乏了解。而城市燃气企业缺乏经营、使用天然气的经验，更缺乏开拓天然气市场的经验，难以掌

握市场发展的规律，也缺乏对长输管线的了解，对供气方保证供气缺乏信心，在这种条件下要签订符合国际惯例的带有"照付不议"条款的天然气销售合同，其困难是明显的，这就要求互相理解对方，不要将一些没有把握的严厉的条文强加给对方，而要强调相互间的友好协商、调度联系，使双方都能尽快熟悉系统的运行规律，逐步完善合同，对一些强制性的定量的条文可以由松到严，逐步调整到位。

二、燃气供气合同中的一些主要内容

（一）合同主体

为明确责任，方便履行，除买卖双方外，合同中不应出现第三方参与合同的经济行为，也就是说履行合同的就是燃气经营者和燃气用户，不得出现除双方主体之外的第三方。

（二）城市燃气供应的不可间断性

随着城市用气量的增加，城市燃气供应的可靠性直接影响市民的生活和社会的稳定，城市能源供应体系的安全性在合同中必须得到确认，在事故或检修期要能基本保证供气，即有确保社会稳定、设备人身安全的保安用气量。

（三）天然气质量规格

合同中的天然气不应是教科书或某个单一标准所定义的天然气，而应是特定的、能长期满足用户需要及配送需要的天然气。对用户而言，要求燃烧安全、火焰及热负荷稳定，对配送而言要求在管输中或燃气瓶中无液态物质及对设备有害的物质。

（四）调度

调度联络是执行合同与日常运行的关键环节，一定要标准化、制度化，要便于双方操作，在这里要充分体现友好协商与协调机

制，合同条款不可能约束千变万化的运行细节，只有加强调度联络，才能使供用双方保持良好的运行状况，才能使终端用户满意。燃气公司要注意调度人员的配备与培训，打造一个高素质的班子。

（五）气价

我国燃气消费市场尚在培育阶段，作为可替代能源面临严峻的能源比价挑战，尤其是煤炭的挑战，而优化能源消费结构，治理大气污染，燃气替代的首要对象就是煤炭。根据商业营销的基本做法，也遵照国际惯例，气价应从试运行时的免费，到渐增期的逐步调整，到稳定期的执行国家定价，这种阶梯型的价格调整要上下游同步动作，共同让利于终端消费者，这对于培育和开拓燃气消费市场是非常重要的。北京使用燃气虽有国家强有力的政策支持，但气价也是按此规律发展的，这也是应认真谈判的，合同中的气价应该就是一个捆绑的交付价格，价格的构成及计算依据是增加合同透明度的背景材料，而不是合同的内容。

（六）违约、中止与终止

合同任何一方不履行合同条款即构成违约，这里所说的违约是指影响合同执行的根本性问题。对上游来讲就是长期不能按下游的日指定量供气，严重影响城市正常的生活与生产秩序，对下游来讲就是不能按时支付气款，严重影响上游的经营秩序。对这种严重的违约行为，合同中应有明确的调解、仲裁、司法、政府干预、中止（暂时订止执行合同）和终止（永久性执行合同）等解决手段，因城市燃气供应牵涉全市人民的日常生活和大量中小企业的生产，对减少供气和中止、终止供气的执行条件一定要特别慎重。在实际执行前一定要有政府干预的条款，因为天然气的经营在国家监管之下，政府必须对人民正常的生活、生产秩序负责，任何企业只有义务协助政府做好这件事，而无权干扰或破坏正常秩序。从文字看，双方都有权中止或终止合同，但不论是中止还是终止合同对买方均将产生极为严重的后果，在天然气上游处于绝对垄断的情况下更是如此，所以对该合同条款的制定要特别注意。

（七）不可抗力

不可抗力是指不能预见、不能避免、不可克服的客观事件，在一般的法律习惯和国际商业惯例中，通常指自然灾难、战争等，出现不可抗力情况时，责任方履行约定程序可以合法地免除合同义务。由于本合同是保证式合同而非枯竭式合同，卖方的储量风险及任何影响卖方储量的因素应该排除在不可抗力之外。买方的市场风险不应作为不可抗力，但其用户的不可抗力事件应作为买方的不可抗力事件。双方供气设施由于设计、施工、管理缺陷，而降低对自然灾害的抵抗能力所产生的损失应排除在不可抗力之外。

第十三条【特许经营规定】

本市行政区域内的市政公用管道燃气实行特许经营制度。

市政公用管道燃气特许经营区域不得重叠。取得市政公用管道燃气特许经营权的经营者应当与市、县（市、区）人民政府签订特许经营协议，协议中应当明确特许经营权退出情形。

【条文释义】

本条规定的是市政公用管道燃气特许经营权制度。

公私合作是国际、国内市场开放与行政改革中的热门概念。它萌生和兴盛于自由国家向福利国家、给付国家、担保国家等新型国家形态转变的历史过程，嵌入了国家与社会、政府与市场、公法与私法等诸种因素亦分亦合的复杂图景，并契合了民主、善治、平等、开放和多元的时代精神。

在目前的中国，一方面城镇化方兴未艾、地方财政负重前行、公共服务品质不高；另一方面，政府职能亟待转变、经济面临转型升级、财税改革逐步推进，公私合作势必拥有广阔的发展前景。公私合作是一个集合式概念，它通常被描述为公、私部门之间相互合作、共担风险、提供产品和服务的可能关系的"光谱"。其中，特许经营不仅是公私合作的雏形，也是各国公私合作中最普遍采用的一种模式。从某种意义上讲，特许经营就是一种合同安排，包括特许权授予、合资、建设、保险、融资、管理、维修、收费、回购、担保等一系列合同，其中最核心的是特许经营协议。

根据《市政公用事业特许经营管理办法》第2条对于市政公益事业特许经营的定义，市政公益事业特许经营是指政府按照有关法律、法规规定，通过市场竞争机制选择市政公用事业投资者或者经营者，明确其在一定期限和范围内经营某项市政公用事业产品或者提供某项服务的制度。城市供水、供气、供热、公共交通、污水处理、垃圾处理等行业，依法实施特许经营的，适用该办法。本条例属于供气行业的市政公益事业特许经营。根据《基础设施和公用事业特许经营管理办法》第18条的规定，实施机构应当与依法选定的特许经营者签订特许经营协议。需要成立项目公司的，实施机构应当与依法选定的投资人签订初步协议，约定其在规定期限内注册成立项目公司，并与项目公司签订特许经营协议。特许经营协议应当主要包括以下内容：①项目名称、内容；②特许经营方式、区域、范围和期限；③项目公司的经营范围、注册资本、股东出资方式、出资比例、股权转让等；④所提供产品或者服务的数量、质量和标准；⑤设施权属，以及相应的维护和更新改造；⑥检测评估；⑦投融资期限和方式；⑧收益取得方式，价格和收费标准的确定方法以及调整程序；⑨履约担保；⑩特许经营期内的风险分担；⑪政府承诺和保障；⑫应急预案和临时接管预案；⑬特许经营期限届满后，项目及资产移交方式、程序和要求等；⑭变更、提前终止及补偿；⑮违约责任；⑯争议解决方式；⑰需要明确的其他事项。

公用事业中的特许经营现象起源于18世纪的欧洲，逐渐成为国际资源开发和市政公用事业建设中通行的制度。政府和企业之间签订公用事业特许经营协议，而协议的性质关系着特许经营双方以及社会公众的权利、义务的分配和责任的承担。但公用事业特许经营与商业特许经营是有区别的，需要与商业特许经营相分离，主要有几个方面：

第一，垄断性。商业领域是开放性领域，被特许经营的活动具有竞争性。市场中的竞争风险使得受许的一方期待利用特许人的经营模式、专利、商号等已经形成的良好的市场信誉，以最快的速度在市场中获利。但是公用事业特许经营涉及的公用事业，提供关系公众利益的公共产品和服务往往是自然垄断行业。受许人不可能通过其他途径获得经营该事业的机会，而特许人——政府，具有特许人资格的理由不是其通过先期的努力使该产品和服务已经凝结了很高的市场信誉，而是公用事业本身的垄断性质使受许人愿意从事该项经营。

第二，政府参与性。商业特许经营是私法领域的商业行为，特许人和受许人都是商事主体，他们的地位是平等的。但是，公用事业特许经营协议的当事人有着特殊性，其中一方主体总是政府，而受许人是商事主体，签订的特许协议就是政府和商事主体的合同协议。政府的特殊身份使得公用事业特许经营协议和商业特许经营的性质难以得到一致的认同。

第三，公共性。商业特许经营的项目在市场中具有替代性，每一个社会公共成员都是其潜在的交易对象，但不一定是必然的交易对象。而公用事业领域特许经营的内容具有公共性，虽然特许经营者和第三人的合同也只有在实际交易时才真正成立；但是，每一个社会公共成员不仅是潜在的交易对象，而且，只要社会成员对该特许经营的产品有需要，他就会是必然的交易对象。因此，公用事业特许经营的公共性特征导致其涉及公共利益。

第四，获得方式的特殊性。商业特许经营的受许人获取经营特许人的产品或服务，一般只能通过合同，而合同的订立是自由的，特许人和受许人有选择双方的自由。公用事业特许经营活动，特许人是政府，政府要将一个公共产品或服务用特许的方式由商事主体具体经营，或者是一个商事主体想要成为受许人，必须通过竞标的方式获得，政府不可以自由地根据自己的意愿选择受许人，所有的程序都必须是在法定的强制范围内展开，才可以体现公平、公开、公正。

第十四条【燃气信用管理制度】

市、县（市、区）人民政府燃气主管部门应当建立健全燃气经营者诚信档案，记录燃气经营者的违法行为。

【条文释义】

本条是关于燃气经营市场主体社会信用体系建设的规定。

早在2000多年前的战国时期，我国商人就懂得使用"约剂"

"傅别"等书面材料作为经济交易合作的凭证,并将履行上述材料的效率和商人在整个市场环境中的实力与口碑作为其进行商品交易的依据。可以说这几种涉及经济往来的原始记录是我国最早的经济档案,也是最早的诚信档案。具有现代意义的企业诚信档案出现在工业革命之后,也正是欧洲国家最早开展市场经济的初期。我国在20世纪90年代初期确定了社会主义市场经济的发展路线,随后大量的商业企业应运而生,为了净化我国商业企业的市场竞争环境,保证市场在公平、有序、透明的信息环境下运行,我国于上世纪90年代末参考欧美发达国家企业诚信档案管理实践,积极地引入企业诚信管理与控制机制,商业企业诚信档案的控制作用悄然发挥作用。1999年,我国对商业企业诚信档案制度建立进行调研,并于2003年确定北京、西安、深圳等6个城市作为我国商业企业诚信档案制度实施试点城市,这使我国企业步入了诚信时代。企业诚信档案虽然不能直接决定企业的利益损失,也不会直接影响企业的生死存亡,但是诚信档案发挥的是长效机制,其最明显的就是对企业潜在效益,包括企业声誉、市场号召力、商业信贷等商业企业生命线的领域具有极大的影响。

燃气经营与管理事关燃气用户的生产、生活及其生命健康,有必要建立燃气经营者诚信档案来规制燃气经营者的经营行为。

一、诚信是燃气市场经济的纽带

市场经济是商品经济的发达阶段,是以交换为目的的经济形态,包括商品的生产和交换。生产者生产商品的目的是通过交换实现它的价值,只有通过交换才能完成使用价值的转移和价值的实现。因此,交换是市场经济的本质,没有交换,就不可能产生市场经济,而交换体现的是人与人之间的社会关系。消费者购买某种商品，体现了他们对该商品的信赖，对该商品生产者的信赖，如果没有消费者对生产者的信赖，他们就不会购买这种商品，当然就不会有交换行为，而生产者只有诚信经营，才能获得消费者的信赖，因此可以说，诚信是生产者和消费者之间的桥梁，是市场经济的纽带。同时，诚信也是燃气市场迅速发展的桥梁和纽带。

所谓诚信，就是待人处世要真诚、讲信誉、言出必信、行必有果。在《说文解字》中，对诚信的解释是："诚，信也；信，诚也。"可见，诚信就是要诚实、守信，反对隐瞒欺诈、假冒伪劣、弄虚作假。对于商品生产者来说，只有以诚信为立足点，以满足消费者需求为出发点，志在双赢，才是经营之道。

其实早在 260 余年前，现代西方经济学的鼻祖亚当·斯密就在《道德情操论》中明确指出，人们在前往市场之前就必须拥有如自爱、自律、诚实、公平、公正精神以及公共道德规范等美德……个人绝不应当把自己看得比其他人更重要，为了私利而伤害或损害他人。美国著名经济学家肯尼思·阿罗进一步指出，每次商业交易本身都包含可信任的成分。诚信是前提和基础，没有诚信就没有交易，也就没有市场经济。由此可见，市场经济需要讲诚信。诚信是市场经济的纽带、基础和灵魂，没有了诚信，市场经济的发展就成了无源之水、无本之木。燃气市场经济的发展也是同理。

二、建立燃气经营者诚信档案，净化燃气市场经济发展环境

古语说，人无信不立，业无信不成，市无信不兴，国无信不强。因此，必须采取有力措施重建诚信，为燃气市场经济的发展创造良好环境。为了重建诚信，除必要的法律手段和道德谴责外，建立诚信档案也是一个重要的举措。诚信档案就是客观、真实、全面地反映与当事人诚信相关行为的历史记录。燃气经营者的失信行为归根

结底是人的失信行为，通过独立于燃气企业的征信机构建立燃气经营者诚信档案，将失信燃气经营者的行为记录通过一定的媒介和方式向社会公示，广而告之，让失信者无处藏身，起到有效抑制燃气经营者失信行为的作用。

"诚信缺失"是一种道德现象，但企业的出发点多为经济利益，通过建立和应用诚信档案，可以大幅度提高企业的失信成本，使其得不偿失。因为当消费者购买某种商品之前，可以预先查阅商品以及生产企业的诚信档案，如果该企业存在诚信问题，消费者就会拒绝购买该商品，失去了消费者的企业也就失去了存在和发展的源泉。同时可以查阅相关的其他商品以及生产企业，从而选择购买值得信赖的企业生产的商品。这样，就达到了"守信获益、失信失利"的效果。因此，建立诚信档案对燃气经营者起到了约束和警示作用，对燃气消费者起到了提醒和引导作用。燃气经营者为了生存和发展，只有唯一的选择——诚信，久而久之，就能够在全社会树立起诚信经营之风，为燃气市场经济的发展创造良好的环境，促进我国燃气市场经济的健康发展。

另一方面，建立燃气信用管理制度，是加强社会建设，深入推进"放管服"改革，进一步发挥信用在创新监管机制、提高监管能力和水平方面的基础性作用，激发市场主体活力，推动高质量发展的需要。建立燃气信用违法记录，相关违法行为应当纳入不良行为记录名单，及时向社会公布。市、县人民政府要把构建以信用为基础的新型监管机制作为深入推进"放管服"改革的重要措施。完善信用监管的配套制度，并加强与其他"放管服"改革事项的衔接。负有市场监管、监管职责的部门要切实承担行业信用建设和信用监管的主体责任，充分发挥行业组织、第三方信用服务机构作用，为公众监督创造有利条件，整合形成全社会共同参与信用监管的强大合力。

第十五条【燃气经营者停业或歇业】

燃气经营者停业或者歇业的，应当事先对其供气范围内的燃气用户的正常用气作出妥善安排，并在九十个工作日前向所在地人民政府燃气主管部门报告，经批准后，方可停业或者歇业。

所在地人民政府燃气主管部门在收到燃气经营者提交的申请报告后，应当自受理申请之日起二十日内作出决定，不予批准的，应当书面答复，并说明理由。

【条文释义】

本条是关于燃气经营者停业、歇业的许可规定。

一方面，燃气供应涉及千家万户的基本生活保障，燃气的安全可靠运行是经济发展及人民生活的重要保障，供气可靠性不仅影响燃气企业的服务水平，还影响燃气企业的经济效益。因此，燃气经营者停业或歇业必须履行相应的法律程序，提高燃气供应的可靠性。另一方面，随着燃气体制市场化改革的逐步深入，依照法定程序实施燃气经营停业、歇业和规范停止供气管理，既是燃气经营者做好优质服务工作，维护燃气企业良好社会形象的要求，也是依法经营，提高营销管理水平，防范经营风险，减少或避免法律纠纷的重要环节。因此，本条例以及上位法《城镇燃气管理条例》都设立了燃气经营者停业或歇业的行政许可的规定。

根据相关法律法规的规定，燃气经营者停业、歇业的，燃气经营者应当按照国家有关规定事先通知燃气用户。《城镇燃气管理条例》第 20 条规定，管道燃气经营者因施工、检修等原因需要临时调整供气量或者暂停供气的，应当将作业时间和影响区域提前 48 小时予以公告或者书面通知燃气用户，并按照有关规定及时恢复正常供气；因突发事件影响供气的，应当采取紧急措施并及时通知燃气用户。燃气经营者停业、歇业的，应当事先对其供气范围内的燃气用户的正常用气作出妥善安排，并在 90 个工作日前向所在地燃气管理部门报告，经批准方可停业、歇业。《江西省燃气管理办法》第 17 条规定，管道燃气经营企业应当保证稳定、不间断供气，不得无故停止供气。因供气设施计划检修需要停止供气时，应当提前 72 小时在停止供气地段的居民楼道或者公共广告栏等公共场所张贴告示或者通过当地的电视、报纸、电台播发公告等方式通知用户；因供气设施临时检修需要停止供气时，除紧急情况外，应当提前 24 小时通知用户。因不可抗力或者燃气设施抢修等紧急情况，确需暂停供气或者降低燃气压力的，管道燃气经营企业应当立即通知用户，同时向燃气主管部门报告，并采取不间断抢修措施。连续停止供气的时间一般不得超过 24 小时；因特殊情况确需超过 24 小时的，除不可预见的原因外，管道燃气经营企业应当赔偿用户由此造成的直接经济损失。引起停止供气的原因消除后，管道燃气经营企业应当采取本办法第 17 条第 1 款规定的方式告知用户恢复供气的时间。第 18 条规定，管道燃气经营企业中止或者终止经营活动，应当提前 90 日向所在地的燃气主管部门提出申请，经批准后，方可中止或者终止经营活动。因此，燃气经营者停业或歇业的，不仅要求停业或歇业的事由合法，而且还要求程序合法，燃气企业必须认真掌握法律法规中有关停业或歇业的规定，并在实践中全面、准确、严格地遵守法定停业或歇业程序，避免违规操作。

为了加强燃气管理，防范燃气停止供应所带来的风险，燃气经营者应当遵循以下几方面的措施：

第一，各燃气经营者要建立健全停业或歇业管理的制度体系。明确生产、技术、营销等部门在停业或歇业工作中各自的职责及协调机制，规范其燃气设施计划检修、临时检修和燃气系统发生故障的停止供气或限制供气的操作规则，完善停业或歇业事先通知用户的工作流程，要指定一个部门对停送气执行情况进行监督、考核、评价，以便及时发现问题，及时堵住管理漏洞，切实做到依法停气。

第二，规范停气通知的形式。法律法规规定了停止供气需事先通知燃气用户的方法、步骤和时限，但未规定通知的具体形式，因此，各燃气经营者应当根据辖区燃气用户的情况规范停气通知的形式。一般可采取以下几种通知形式：①书面通知，向燃气用户送达停气通知书；②公告通知，通过报纸、电视、广播向用户发布停气公告，主要在对停气面积较大、影响用户较多的城市燃气用户实施停气时使用；③布告通知，在公共场所张贴布告的形式向用户发出停气通知，主要在对农村用户实施停气时使用；④电话通知，以电话形式向燃气用户发送停气通知，其电话应有录音功能，以记录通知内容，主要在对时间紧迫、距离较远的用户实施停气时使用；⑤其他通知形式，如挂号信函、传真、电子邮件等。在实际操作过程中，必须注意，无论采取哪种通知形式，都应当有对方当事人接到通知认可的凭证，以便查询或作为可能出现纠纷的证据。

第十六条【燃气经营者行为准则】

燃气经营者应当遵守下列规定：

（一）向燃气用户持续、稳定、安全供应符合国家质量标准的燃气；

（二）建立健全安全生产规章制度，落实安全生产主体责任，对燃气设施定期进行安全检查、运行维护、抢修和更新改造，确保燃气设施安全、正常、稳定运行；

（三）建立健全燃气用户服务档案，公示业务流程、服务承诺、服务项目、收费标准和服务热线等信息，并按照国家燃气服务标准提供服务；

（四）不得限定燃气用户购买其指定单位生产、销售的燃气燃烧器具和相关产品以及服务；

（五）不得倒卖、抵押、出租、出借、转让、涂改燃气经营许可证；

（六）不得向未取得燃气经营许可证的单位或者个人提供用于经营的燃气；

（七）不得超越燃气经营许可证规定的经营区域从事燃气经营；

（八）不得冒用其他经营者名称或者标识从事燃气经营、服务活动；

（九）法律、法规的其他规定。

【条文释义】

本条是关于燃气经营者经营行为的一般规定。

行为规范，是社会群体或个人在参与社会活动中所遵循的规则、准则的总称，是社会认可和人们普遍接受的具有一般约束力的行为标准，包括行为规则、道德规范、行政规章、法律规定、团体章程等。行为规范是在现实生活中根据人们的需求、好恶、价值判断而逐步形成和确立的，是社会成员在社会活动中所应遵循的标准或原则。由于行为规范是建立在维护社会秩序理念基础之上的，因此对全体成员具有引导、规范和约束的作用。引导和规范全体成员可以做什么、不可以做什么和怎样做，是社会和谐重要的组成部分，是社会价值观的具体体现和延伸。

同时，行为规范是人类社会普遍遵守的准则。在历史发展的长河中，社会发展阶段不同，建立起来的行为规范也不尽相同。在人类社会中，不同的社会形态对应着不同的行为规范，而承载行为规范功能的主要要素有道德、宗教、职业、法律等。在行为规范的范畴当中，由国家制定、认可的法律规范的强制力是高于其他行为规范的，燃气经营者的经营管理行为事关广大人民群众的财产利益以及生命健康，必须对燃气经营者的行为进行法律上的约束，为人民群众的利益提供法律上的保障。

一、向燃气用户持续、稳定、安全供应符合国家质量标准的燃气

城镇燃气是现代城镇赖以生存和发展的重要基础设施，是国家能源战略中重点建设和发展的领域，是关系人民生活质量、城镇自然环境的重要市政公用事业；同时，城镇燃气也是城镇的生命线，更关系社会稳定和公共安全。城镇燃气事业的发展，为优化城镇能源结构，提高环境质量，完善城镇功能，提高居民生活质量发挥了重要作用。因此，燃气经营者必须严格把关燃气质量，向燃气用户提供符合国家标准的燃气。《城镇燃气管理条例》第17条第1款规定，燃气经营者应当向燃气用户持续、稳定、安全供应符合国家质量标准的燃气，指导燃气用户安全用气、节约用气，并对燃气设施定期进行安全检查。

除燃气的质量需要达到国家标准外，燃气系统的其他设备装置也必须达到国家标准或行业标准。城镇燃气系统由气源、储气、输配和应用等部分组成。其标准包括燃气工程的勘察、规划、设计、施工、安装、验收、运营维护与管理等工程建设标准以及对产品结构、规格、质量和检验方法等做出技术规定的产品标准。建立完善的燃气技术标准体系是保证燃气标准化可持续发展的重要基础，是行业发展的必要支撑，是确保安全与质量、促进燃气新技术转化为现实生产力的前提和保障。随着城镇燃气事业的发展，为了确保燃气安全生产、输送和使用，促进科技进步，保护人民的生命和财产安全，国家制定了大量燃气专业标准，例如《城镇燃气加臭装置》《城镇燃气用防雷接头》《城镇燃气调压箱》《城镇燃气规划规范》《城镇燃气技术规范》等，其体系已基本建立并渐趋完善。

二、建立健全安全生产规章制度，落实安全生产主体责任，对燃气设施定期进行安全检查、运行维护、抢修和更新改造，确保燃气设施安全、正常、稳定运行

管生产经营必须管安全，谁主管谁负责，这是我国安全生产工作长期坚持的一项基本原则，也是燃气经营管理的一项基本原则。燃气经营企业的主要负责人作为本单位的主要领导者，对本企业的燃气经营管理活动全面负责，必须同时对本企业的安全生产工作负责。燃气生产经营单位的主要负责人有责任、有义务在搞好本企业生产经营活动的同时，搞好本企业的燃气安全生产工作，坚持以人为本的原则，坚持安全发展，认真贯彻落实"安全第一、预防为主、综合治理"的方针，正确处理好安全与发展、安全与效益的关系，做到生产必须安全，不安全不生产。

（一）建立健全安全生产规章制度

生产经营单位的安全生产规章制度是根据其自身生产经营范围、危险程度、工作性质及具体工作内容，依照国家有关法律、行政法规、规章和标准的要求，有针对性规定的、具有可操作性的、保障安全生产的工作运转制度及工作方式、方法和操作程序。安全生产规章制度是一个单位规章制度的重要组成部分，是保证生产经营活动安全、顺利进行的重要手段，其主要包括两个方面的内容：一是安全生产管理方面的规章制度，包括安全生产责任制、安全生产教育和培训、安全生产现场检查、生产安全事故报告、特殊区域内施工审批、危险物品安全管理、安全设施管理、要害岗位管理、特种作业安全管理、安全值班、安全生产竞赛、安全生产奖惩、劳动防护用品的配备和发放等；二是安全生产技术方面的规章制度，包括电气安全技术、建筑施工安全技术、危险场所作业安全技术等。燃气经营者应当组织制定本燃气企业的安全生产规章制度并保证其有效实施。

（二）落实安全生产主体责任

安全生产责任制是生产经营单位最基本的安全生产管理制度，即根据安全生产法律、法规，将单位的主要负责人与其他负责人员、职能部门及其工作人员、工程技术人员和各岗位操作人员在安全生产方面应做的事情及应负的责任加以明确规定的一项制度。安全生产责任制必须具有全面性，做到安全工作层层有人负责。生产经营单位的主要负责人必须亲自带头，自觉执行责任制的规定，并经常或定期检查安全生产责任制的执行情况，奖优罚劣，提高本单位全体从业人员执行安全生产责任制的自觉性，使安全生产责任制的执行得以落实。

三、建立健全燃气用户服务档案，公示业务流程、服务承诺、服务项目、收费标准和服务热线等信息，并按照国家燃气服务标准提供服务

随着天然气工业在世界范围内迅速发展，天然气使用率不断上升，燃气用户也随之增加。因此及时做好燃气用户档案的管理和分类十分重要。使用档案信息化管理后，将客户档案信息存入数据库，在数据库中对档案信息进行归纳总结，可大大提高燃气档案的管理效率。

档案是组织或个人在以往的社会实践活动中直接形成的清晰的、确定的、具有完整记录作用的固化信息。燃气用户档案管理对象主要有居民用户、商业用户、工业用户等。燃气企业民用档案主要包括燃气供气合同、燃气工作单、燃气安全测试单、燃气过户单、点火通气单、地暖单等。燃气用户档案真实记录了燃气企业客户形成过程中的每一个环节和实际操作，真实反映了客户的基本资料及使用燃气情况。燃气档案管理工作是企业管理工作的一部分，档案管理的水平直接反映了企业的管理水平。

（一）燃气用户服务档案管理的价值

燃气档案是否完整，对城市建设的发展、居民的生命安全有着重要的意义。燃气用户档案是重要的信息资源，这些档案资料以事实为依据，有较强的说服力、借鉴力，是企业领导调整经营策略的重要依据，是检验企业是否依法规范经济行为的重要凭证，也是企业依法治企和进行经营活动的全面反映。燃气企业客户档案的缺失或不规范，使得企业在燃爆事故、经济纠纷等案件中，常常需要承担过失责任，蒙受经济损失。通过对燃气用户档案的妥善管理，可以有效规避法律风险，从而使企业在经济纠纷中减少甚至免除经济

赔偿。通过对燃气用户档案的分析，可以强化企业内部管理，为规范企业行为提出针对性对策，并提出预防措施，从而推动企业依法经营，规避风险，也能为企业健康发展提供参考资料。

（二）规范燃气用户服务档案管理的举措

1. 制定建档制度，确保归档质量

制定建档制度，确保档案收集，对燃气民用用户档案实行统一管理。档案部门每年应告知服务中心，外包公司等部门人员按标准收集、整理客户档案资料，将天然气供用合同、客户过户单、户内燃气设施安全检查备案书、隐患整改通知书、燃气管道保护协议等文书集中预先整理核对，同时利用燃气集团互联网信息管理技术，建立燃气集团档案管理电子系统，保证档案资料的完整收集、及时归档，提高客户档案的利用效果，确保归档质量。

2. 加强归档管理宣传力度

大力宣传《档案法》，提高有关人员的档案意识，营造良好的档案工作氛围，在燃气用户中大力宣传制定的档案管理制度和管理条例，通过实例案例分析，提高燃气用户档案管理者的重视程度。让档案管理领导干部充分认识客户档案是企业发展的重要参考和凭证，对企业今后的生存和发展有着极其重要的影响。充分发挥客户档案的作用，更好地为企业决策和管理服务，同时做到超前控制，超前监管，超前服务。

3. 加强档案工作人员的业务学习，提高档案工作人员队伍素质

燃气用户服务档案管理对档案工作人员提出了更高的要求，对档案管理工作人员要做到分级、分类、阶梯化的培训，即要有从档案管理负责人到工作人员到业务人员分阶层的培训。

对档案管理负责人的培训，需要讲解档案的移交、搜集、验收

等工作的流程和规章制度，使负责人可以准确地进行监督和指导，保障整理资料的真实性、准确性，同时培养负责人的记录意识，做好科学的记录，以便日后产生问题有记录可查。

对于燃气档案实际工作人员，不仅要使他们懂文书档案，懂与燃气相关的一些专业类别档案，知道不同类别档案的分类整理，还需要比其他的工作人员更熟悉专业知识和技能，了解燃气档案的保管价值、归档的注意事项、工作流程等，让燃气档案实际工作人员重视自身工作性质，加强责任意识，在实际的工作中做到整理归档的准确性。

对于业务工作人员，主要是要求客户服务中心的业务人员对档案的产生要有责任心，不能粗心大意，注意用户的开户、过户、迁移等资料是否齐全正确，外包公司的业务人员需要知道档案书写标准、资料的规范化，不能随意将涂改凌乱、模糊不清的档案送入档案室。燃气企业这样从上到下，从里到外地系统培训相关员工使档案的整理工作更加标准规范，减少差错，提高工作效率。

4. 加强档案信息化建设，规范档案借出流程

传统的档案管理模式存在很多弊端，如一些档案因年代久远，在利用时因为检索工具不全或其他原因，往往需投入大量的人力及时间。使用档案信息化管理后，档案管理人员可及时、准确、全面、快速地查找所需的相关文件及数据。所谓档案信息化是指在相关管理部门的统一规划和组织下，在档案管理的活动中全面应用现代信息技术，对档案信息资源进行数字化管理。档案管理模式从以档案实体保管和利用为重点，转向以档案信息的数字化存储和提供服务为重心，从而使档案工作进一步走向规范化、数字化、网络化、社会化。加强燃气企业民用档案管理信息化建设必须做到以下

几点：

第一，建立高标准档案信息化管理系统，选择科学、合理的信息软件系统。以档案管理为目的的电子办公软件，通过现代化信息化的技术手段编制系统化的应用程序，把燃气民用用户的档案内容保存到电子办公管理系统的数据库中，并将档案分门别类进行编码、整理、归档，使档案管理清晰有序，查询方便，利用及时。同时建设快速方便的市民查询通道，通过手机 APP，电脑网站，客户服务中心快捷查询机器等现代化的渠道快速查询到相应的档案信息。燃气企业对燃气用户信息进行档案化管理，将每个用户在公司不同部门、不同时期办理的各种业务信息关联在一起，为公司各部门的信息管理系统提供用户档案查询功能，提高业务的处理速度和公司员工的工作效率。

第二，提高档案管理人员档案信息化综合素质，强化信息化管理意识。档案信息化代替传统的档案管理模式，要求档案管理人员具备科学和现代化管理意识，自觉加强对专业知识的学习，除掌握现代化的档案管理操作系统外，还应熟练进行信息化管理，保障档案信息化管理的安全性、完整性及有效性。只有不断提升档案管理人员的专业技能和综合素质，才能真正建设起档案信息化管理，才能对接当前的市场经济要求，才能有效推动燃气企业的发展。

第三，加强档案信息化管理建设的安全性，及时维护档案信息系统。档案管理对燃气企业有极其重要的作用，只有档案信息化管理安全性得到有效保证，才可以让其作用得到有效的呈现。其一，建立健全相关的保密制度，并以此对相应的档案管理工作人员实行制约，如无权限人员不得进入档案室、档案资料不得随意带出、未经许可不得私下复制档案材料，一旦发现泄密的人员，要给予严厉的处分，使档案可以获得有效的管理，确保档案信息的安全性。其二，燃气企业应主动推广网络安全知识，使燃气企业内部所有工作人员都能拥有网络安全意识，并对安全隐患所带来的严重后果加以宣讲，同时增强计算机管理部门对网络安全的监管力度。其三，档案管理人员及时更新维护档案信息这个动态系统，及时录入完整、准确的信息，数据库的后期维护才有意义。只有加强档案管理人员对数据的实时更新意识，才能确保信息档案数据的安全性。

第四，规范燃气档案借出流程。规范燃气档案借出流程则要求借阅人填写《燃气档案借阅申请单》，经企业领导同意审批后才可至档案室填写《燃气档案借阅登记单》借阅。填写借阅登记单则要求做好详细的借出记录，利用图表记录借阅人姓名、联系电话、家庭地址、借出时间、借阅原因、归还时间、档案内容、经办人姓名、领导签字等信息。为避免出现借阅者想凭人情关系免填《燃气档案借阅申请单》《燃气档案借阅登记单》的现象，燃气企业需要制定一套监督制度监督档案管理工作者。对于到期没能按时归还的，档案管理工作人员第一时间与借出人取得联系，并应有对应的催还记录并注明晚还原因。

四、不得限定燃气用户购买其指定单位生产、销售的燃气燃烧器具和相关产品以及服务

《城镇燃气管理条例》第18条第6项规定，燃气经营者不得要求燃气用户购买其指定的产品或者接受其提供的服务。《江西省燃气管理办法》第18条规定，燃气经营企业和政府有关部门不得限定用户购买其指定单位生产、销售的燃气器具和相关产品。因此，燃气公司应该在确保安全的前提下，让燃气用户明白消费、透明消费，可以推荐燃气用户选购合格的产品，但是不能强制燃气用户消

费指定产品。燃气燃烧器具是指以燃气为燃料的燃烧器具，包括居民和商业用户所使用的燃气灶、热水器、沸水器、采暖器、空调器等器具。

五、不得倒卖、抵押、出租、出借、转让、涂改燃气经营许可证

燃气经营许可证制度，是 2011 年 3 月 1 日起施行的《城镇燃气管理条例》所确立的一项重要法律制度，是燃气管理领域的一项基本法律制度，是政府依法加强燃气管理的一种事前控制手段，是对申请者进入市场获得经营权的准予。需要特别强调的是，燃气经营许可从权力性质上讲是一种公共资源配置或市场准入，属于行政许可中的"普通许可"或"特许"，燃气经营许可是禁止转让的。同时，燃气经营许可证是政府相关部门对其申请者资格审查合格后才颁发给燃气经营者的，所以燃气经营许可证只属于通过政府审查且获得燃气经营许可证的燃气经营者，因此，燃气经营许可证也不得倒卖、抵押、出租、出借、转让、涂改。相关法律法规也有严格的规定，《城镇燃气管理条例》第 18 条第 2 项规定，燃气经营者不得倒卖、抵押、出租、出借、转让、涂改燃气经营许可证。《江西省城镇燃气经营许可证管理办法》第 12 条第 2 款规定，严禁燃气经营企业倒卖、抵押、出租、出借、转让、涂改《燃气经营许可证》。

六、不得向未取得燃气经营许可证的单位或者个人提供用于经营的燃气

燃气行业作为典型的公用事业，事关公共利益。政府为了加强燃气管理，设置了燃气经营许可制度。燃气经营许可证制度是《城

镇燃气管理条例》所确立的一项重要法律制度，是政府依法加强燃气管理的一种事前控制手段，也是企业进入燃气经营市场的准入门槛。

2014 年 11 月，为规范燃气经营许可行为，加强燃气经营许可管理，根据《城镇燃气管理条例》，住房和城乡建设部印发《燃气经营许可管理办法》（建城〔2014〕167 号）（以下简称"14 年办法"），对于城镇燃气经营许可的申请、受理、审查批准、证件核发作出了详细的规定。2019 年 3 月 11 日，住房和城乡建设部发布《关于修改燃气经营许可管理办法的通知》（建城规〔2019〕2 号），在全国推进"证照分离"改革以及强调燃气安全管理的背景下，对14 年办法进行修订。

燃气经营许可制度的功能即在于"配置资源"与"防范风险"。根据行政许可法原理，只有当行业具有某些特性，包括"有限自然资源开发利用、公共资源配置以及直接关系公共利益的特定行业"与"直接关系公共安全、人身健康、生命财产安全的"，行政机关才能设定行政许可。燃气作为一种不可再生资源，行政机关为了管理燃气市场，使公共资源得到合理配置，必须设定一定门槛，此为"配置资源"；燃气作为关系人们日常生活、本身又具有一定危险性的公共资源，必须要对其加强管理以防范风险，此为"防范风险"。因此，把关燃气经营许可证的颁发是燃气安全管理的重中之重，只有取得燃气经营许可证的燃气经营者才可以从事燃气经营。《城镇燃气管理条例》第18 条第4 项规定，燃气经营者不得向未取得燃气经营许可证的单位或者个人提供用于经营的燃气。

七、不得超越燃气经营许可证规定的经营区域从事燃气经营

燃气经营者必须在燃气经营许可载明的经营区域内从事燃气经

营活动，跨区域从事燃气经营行为依法应当受行政处罚。根据《城镇燃气管理条例》第45条第2款的规定，燃气经营经营者不按燃气经营许可证的规定从事燃气经营活动的，由燃气管理部门责令限期改正，处3万元以上20万元以下罚款；有违法所得的，没收违法所得；情节严重的，吊销燃气经营许可证；构成犯罪的，依法追究刑事责任。第19条第1款规定，管道燃气经营者对其供气范围内的市政燃气设施、建筑区划内业主专有部分以外的燃气设施，承担运行、维护、抢修和更新改造的责任。

八、不得冒用其他经营者名称或者标识从事燃气经营、服务活动

企业标识是通过造型简单、意义明确的统一标准的视觉符号，将经营理念、企业文化、经营内容、企业规模、产品特性等要素传递给社会公众，使其识别和认同企业的图案和文字。企业标识是视觉形象的核心，构成企业形象的基本特征，体现企业内在素质。经营者名称和标识都代表经营者的形象，其他人不得冒用其名称或标识去从事燃气经营、服务活动，否则构成侵权，需要承担相应的法律责任。《城镇燃气管理条例》第18条第9项规定，燃气经营者不得冒用其他企业名称或者标识从事燃气经营、服务活动。

第十七条【管道燃气经营者行为准则】

管道燃气经营者除遵守本条例第十六条规定外，还应当遵守下列规定：

（一）公布管道燃气报装、改装条件，不得拒绝市政燃气管网覆盖范围内符合用气条件的单位和个人的报装、改装申请。

（二）设立、公布二十四小时用户服务电话，并为用户缴纳、

查询燃气收费等提供便利。

（三）使用符合国家标准并经检定合格的燃气计量装置。对居民用户使用期限届满的燃气计量装置进行更换；协助非居民用户完成燃气计量装置的定期检定，督促非居民用户更换使用期限届满的燃气计量装置。

（四）建立并及时更新地下燃气管网地理信息系统，管线工程竣工验收合格十五日内向所在地人民政府自然资源、住房和城乡建设、城市管理等相关部门报送燃气管网现状资料。

（五）法律、法规的其他规定。

【条文释义】

本条规定了管道燃气经营者应遵守的特殊行为规范。

一、公布管道燃气报装、改装条件，不得拒绝市政燃气管网覆盖范围内符合用气条件的单位和个人的报装、改装申请

根据《江西省燃气管理办法》第 26 条的规定，管道燃气用户需要增加、减少、拆除、迁移、改造燃气设施，应当事先向燃气经营企业提出，由燃气经营企业负责实施，费用由用户承担。《城镇燃气管理条例》也规定，燃气用户及相关单位和个人不得擅自安装、改装、拆除户内燃气设施和燃气计量装置，否则将处以相应的处罚；构成犯罪的，依法追究刑事责任。如业主需要对燃气设施进行安装、改装、拆除等，应委托燃气经营企业或具有相关资质的单位进行设计、施工。进而，燃气设施的报装、改装应当由燃气经营企业或者具有相关资质的单位来进行。那么，管道燃气经营者就有责任、有义务公布管道燃气报装、改装的条件，为管道燃气用户提

供条件。

二、设立、公布二十四小时用户服务电话，并为用户缴纳、查询燃气收费等提供便利

燃气用户逐年增加，燃气逐渐成为人们生产、生活的必需品。为了进一步畅通信息沟通渠道，方便群众咨询、求助和反映问题，解决燃气用户的难题，有必要设立、公布 24 小时用户服务电话。力争做到燃气用户每一个电话都能打得通、有人接，每一个诉求都能得到及时解决。同时，设立 24 小时燃气用户服务电话，也为燃气用户缴纳、查询燃气收费等提供了便利。

三、使用符合国家标准并经检定合格的燃气计量装置，对居民用户使用期限届满的燃气计量装置进行更换；协助非居民用户完成燃气计量装置的定期检定，督促非居民用户更换使用期限届满的燃气计量装置

燃气计量装置是指当容器运行时内部介质的实际状况的装置，如压力表、温度计、液面计、自动分析仪等。燃气计量装置主要指燃气流量计（表）、气瓶灌装秤和电子汽车衡等设备。其安全管理的内容主要是保持设备的灵敏准确，并进行必要的维护和定期检验。主要工作有以下几点：

（1）计量装置应经常保持清洁，计量显示部位要明亮清晰。

（2）计量装置的连接管要定期清洁，以免堵塞；连接管上的旋塞要处于全开启状态。

（3）经常检查计量装置的指针或数字显示值波动是否正常，发现异常现象，要立即处理。

（4）防止腐蚀介质侵入并防止机械振动波及计量设备。

（5）防止热源和辐射源接近计量装置。

（6）站区电子计量装置的接线和开关必须符合电气防爆技术要求。

（7）遇雷电恶劣天气，应停止电子计量装置运行并及时切断设备电源，防止雷电感应损坏设备。

（8）计量装置必须由具有法定计量资质的检定机构进行定期校检，校检合格后应加铅封；在用的计量设备必须是在校验有效期限内，校验资料应建档，专人管理。

《江西省燃气管办法》第 28 条规定，管道燃气计量装置由具有资质的燃气安装企业负责安装，并符合设计规范。用户对管道燃气经营企业购置、安装的燃气计量装置的准确度有疑义的，可以向燃气经营企业提出，并共同向法定的计量检测机构申请校验或者直接向质量技术监督部门投诉。在规定的产品保修期内，误差超过法定标准的，由燃气经营企业承担校验费，退回多收的气费并免费更换合格的燃气计量装置；未超过标准的，由用户承担校验费。用户对非管道燃气经营企业购置、安装的燃气计量装置的准确度有疑义的，依照消费者权益保护、产品质量监督管理等法律、法规的规定办理。第 29 条规定，管道燃气计量装置不能正常运转的，燃气经营企业应当自发现时起 24 小时内与用户取得联系，并在双方约定的时间内及时修复。

四、建立并及时更新地下燃气管网地理信息系统，管线工程竣工验收合格十五日内向所在地人民政府自然资源、住房和城乡建设、城市管理等相关部门报送燃气管网现状资料

地理信息系统（GIS）是近几十年发展起来的一种新型的计算

机软件系统。它以地理定位数据为主要处理对象，可以获取、存取、检索、分析和显示与空间位置有关的各种数据。其特点是将地理或空间数据信息（地图）及其属性信息（文字和数据）结合起来，实现图和数据的共同处理、查询和分析，图文并茂，形象直观。它是在计算机硬件与软件支持下，运用系统工程和信息科学的理论，科学管理和综合分析具有空间内涵的地理数据，以提供对规划、管理、决策和研究所需信息的空间信息系统。GIS 把要处理的信息分为两类，第一类是反映事物地理空间位置的信息，从计算机的角度可称空间位置数据，也称地图数据、图形数据（如地形图、管网图）；第二类是与事物的地理位置有关，反映事物其他特征的信息，可称专题属性信息或专题属性数据，也称文字数据、非图形数据（如阀门、凝水缸、调压设施、管线等的型号、埋深、建设日期、施工单位等）。

　　GIS 系统近年来应用于自来水、燃气、电力、交通、城市规划等各领域的辅助管理，系统功能已日趋完善和成熟，已取得较好的运行效果。燃气管网地理信息系统的推广应用，代替了传统的管网资料管理方法，是管理理念的革新与发展，大大提高了燃气行业的管理效率和管理质量。燃气管网地理信息系统是以燃气管网为管理对象，综合运用 GIS 技术、CAD 技术、数据库技术、网络技术等信息化技术实现对燃气管网信息的采集、录入、处理、存储、查询、分析、显示、更新、输出。我市是国家智慧城市试点建设城市，采取信息化技术和手段进行燃气管网的规划、管理、维护和应急处理，是智慧城市建设的重要组成部分。

　　燃气公司在燃气管网建设过程中积累了大量的燃气管网设计、竣工和管网设备资料。这些基础资料是城市燃气安全稳定运行和突发事件决策的依据。为了科学管理和分析管网资料，充分了解管网和管网设备的运行情况，指导管网的有效维护，保证管网的安全运行，需要采用先进的平台管理燃气管网和分析这些基础资料。燃气管网地理信息系统通过对燃气管网数据（含管网图形、管线、阀门等重点设施和用户情况等资料）作出全面、准确的分析，并与燃气公司 SCADA 系统、GPS 巡检系统、客户系统集成，为燃气公司的燃气管网规划、设计、施工、安全管理、生产调度、设备维修、管网改造及抢险等提供支持。

建立地下燃气管网地理信息系统的目标是建立为燃气管网维护、规划、管线设计、管道施工和竣工资料、抢修决策及相关属性数据查询的空间信息库（包括空间数据库和属性数据库），其功能如下：

（1）管理全市范围的地图和管网设备以及与其相关的信息，如管径、管材、埋深、竣工日期等。

（2）点击图形查看相应的信息，通过各种条件检索出满足要求的管网设备；自动对指定区域内满足条件的管网设备进行统计，生成各种统计图表。

（3）连接设备数据库，查询任意设备的维修记录；与竣工图库相连可以查看相对应的竣工图，与用户数据库相连可查询相关用户信息。

（4）进行快速定位，按照小区号、小区名称、楼栋号快速将屏幕定位到所需位置；或者在"鹰眼视窗"的示意图中点击相应位置快速定位。

（5）自动生成符合制图规范的纵断图、横断图及三维立体图；查询管网任意点高程和埋深。

（6）进行动态标注，根据管网的属性信息，自动添加标注，而且当管网设备的属性改变时，标注会自动更新。

（7）在紧急事件发生时提供辅助决策，如在某处发生事故时，自动搜索应关阀门，统计受影响的区域和户数，并自动生成抢修单及管网区域图。

（8）对管网设备的图形和属性可以进行编辑和修改。

（9）将待建区域的地形图裁出，供设计人员设计生成施工图，施工完毕后，生成的竣工图可以自动贴回系统，与原有管线相连。

第十八条【瓶装燃气经营者行为准则】

瓶装燃气经营者除遵守本条例第十六条规定外，还应当遵守下列规定：

（一）向燃气用户供应燃气应当使用自有气瓶，自有气瓶应当有清晰的燃气经营者名称标识和警示标签；

（二）存放气瓶的场所应当符合安全要求；

（三）充装前按规定抽取残液，对充装后的气瓶进行角阀密封，并粘贴合格标签；

（四）充装燃气重量不得超出国家规定的允许误差范围；

（五）配备或者委托取得危险货物运输许可并符合安全运输要求的车辆运输装有燃气的气瓶；

（六）为送气服务人员统一配备标有燃气经营者标识的服装；

（七）在充装前应当对气瓶进行检查，不得为报废、非法制造、改装、超过使用期限的气瓶，未按照规定期限检验的气瓶，或者有其他不合格情况的气瓶充装燃气；

（八）不得用槽车等移动式压力容器直接向气瓶充装燃气或者

用气瓶相互倒灌燃气；

（九）不得销售未经许可的充装单位充装的瓶装燃气或者销售充装单位擅自为非自有气瓶充装的瓶装燃气；

（十）法律、法规的其他规定。

【条文释义】

本条规定了瓶装燃气经营者需遵守的特殊行为规范。

一、存放气瓶的场所应当符合安全要求

燃气气瓶由于瓶内储存的是易燃易爆介质，而且储存压力很高，若遇到不标准的或不利的储存条件，很可能引起灾害性的安全事故。因此，必须高度重视气瓶的储存条件和保管工作，存放气瓶的场所必须符合安全要求。

（一）气瓶库房的安全要求

气瓶库房（瓶库）的选址建设必须经过燃气行政主管部门、规划和公安消防等部门的批准。瓶库的建筑必须按现行规范《城镇燃气设计规范》要求进行建设，其耐火等级、安全间距和建筑面积必须符合《建筑设计防火规范》的有关规定。瓶库必须是单层建筑，其高度一般不应低于4米，屋顶应为轻型结构，并应采用强制通风换气装置，必要时应配备消防喷淋装置。

瓶库不应设在建筑物的地下室、半地下室，瓶库内不应有地沟暗道。瓶库的安全出口数目不应少于2处，库房的门窗均需向外开，以便人员疏散和泄爆。瓶库内地面应平坦，且为混凝土不发火花地面，瓶库墙、柱应采用钢筋混凝土或砖块结构。瓶库内的照明、换气装置等电气线路或设备，均应为防爆型。瓶库如不在避雷装置保护区域内，则必须装设避雷设施。瓶库内应安装可燃气体自

动报警装置。瓶库内应设置消防灭火器材，其中手提式灭火器不应少于2只。为了便于气瓶装卸和减少气瓶的损伤，一般应设置装卸平台，其宽度一般为2米，高度根据气瓶主要运输工具的高度确认。

（二）瓶库的管理

瓶库的管理应当确定一名瓶库主要负责人为安全防火责任人，全面负责瓶库安全管理工作，并落实逐级防火责任。应建立、健全各项安全管理制度，包括安全检查和值班巡查制度。瓶库工作人员应经过安全技术培训，熟悉燃气理化性质，了解气瓶及安全附件的结构原理、操作要领，掌握消防灭火知识和堵漏技能，熟练使用消防器材，并经考试合格后方可上岗作业。组织定期安全检查和日常值班巡查，切实消除安全隐患。建立应急预案和义务消防组织，定期开展预案演练和自防自救活动。现场记录要做到齐全、规范、真实。

入库前要检查并确认气瓶有无漏气，瓶体有无损伤，气瓶外表面的颜色、警示标签和标识、封口等是否合格。如不符合要求或有安全隐患，应拒绝入库。按入库单的气瓶规格和数量，仔细核对实际入库数量。瓶库内实（重）瓶和空瓶要分隔码放并且要标识清楚。瓶库内不准进行气瓶维修作业，不准排放燃气，严禁瓶对瓶过气。气瓶码放时不得超过两层并留有适当宽度的通道。

气瓶出入库登记手续要齐全，经手人要履行签字手续。登记内容应包括：收发日期、气瓶规格和数量、气瓶使用登记编号、收瓶来源及发瓶去处等详细资料。瓶库账目要清楚，气瓶规格和数量要准确，并按时进行盘点，做到账、物相符。瓶库值班管理人员应按安全管理要求，严格履行交接班手续。

二、充装前按规定抽取残液，对充装后的气瓶进行角阀密封，并粘贴合格标签

新气瓶（包括检验后的气瓶）在投入使用前要进行抽真空处理，要按照规定将原有气瓶里的残液抽取出来。抽真空合格的气瓶应在气瓶显著位置进行标识，对充装后的气瓶进行角阀密封，并粘贴合格标签，以免混杂未抽真空的气瓶进入充装区，防止发生意外。《江西省特种设备安全条例》第23条第1款第2项规定，移动式压力容器、气瓶充装单位的充装活动应当符合气瓶充装液化气体前回收残液的要求。《江西省燃气管理办法》第19条第1款第2项规定，从事瓶装燃气充气的燃气经营企业不得给残液量超过规定的气瓶充装燃气。

三、充装燃气重量不得超出国家规定的允许误差范围

目前，我国普遍执行的是定量充装办法，充装后的气瓶还要按规定在验斤秤上复验充装量，防止超装。目前，燃气公司在灌装气瓶时，应当按照法律规定的国家标准灌装燃气，灌装质量偏差不得超过国家规定的允许误差范围。《江西省燃气管理办法》第19条第1款第1项规定，从事瓶装燃气充气的燃气经营企业不得使气瓶充装燃气气量超过国家规定的允许误差范围。《江西省特种设备安全条例》第23条第1款第4项规定，移动式压力容器、气瓶充装单位的充装活动应当按照移动式压力容器、气瓶所标定的充装量以及介质充装，不得超量充装或者混装。

四、配备或者委托取得危险货物运输许可并符合安全运输要求的车辆运输装有燃气的气瓶

危险货物是指具有爆炸、易燃、毒害、感染、腐蚀、放射性等特性，在运输、储存、生产、经营、使用和处置中，容易造成人身

伤亡、财产毁损和环境污染而需要特别防护的物质及物品，其中燃气运输就在危险货物运输的范畴之中。随着我国社会经济发展、工农业生产进步和人民生活水平的逐步提高，道路危险货物运输总量不断上升。同时，道路危险货物运输的品种越来越多，危险特性越来越复杂，危险程度也越来越高。由道路危险货物运输所引发的事故，危及人民生命财产安全及社会公共安全，污染自然生态环境。在运输过程中，危险货物一旦发生事故，极易衍生燃烧、爆炸、泄漏等事故，对公众的人身、财产安全和环境安全造成很大威胁，这是危险货物运输区别于其他运输问题的主要因素。因此，从事燃气运输的经营者必须取得危险货物运输许可证，这是运输燃气气瓶的前提条件，也是保障公众的人身安全、财产安全和环境安全的前提保障。

五、为送气服务人员统一配备标有燃气经营者标识的服装

商品的标识是用来说明商品的性质、用途、来源、使用方法及一系列指导性的文字或图案。为了引导消费者购买满意的商品以及向消费者提供使用方法的信息，商品经营者必须对商品增加有关的标识。对燃气的送气服务人员统一配备有燃气经营者标识的服装，一方面，燃气经营者标识的服代表了企业形象，一定程度上有利于树立燃气经营者的企业形象，给人民群众留下良好印象；另一方面，有助于燃气用户快速识别燃气送气人员，也有利于防止燃气用户误买不合格的燃气。

六、在充装前应当对气瓶进行检查，不得使用报废、非法制造、改装、超过使用期限的气瓶，未按照规定期限检验的气瓶，或者有其他不合格情况的气瓶充装燃气

气瓶充装前应由专职检查员负责逐只进行检查，检查出的问题，必须妥善处理，否则严禁充气。检查的主要项目有：

①气瓶是否由持有制造许可证的制造单位制造，气瓶是不是规定停用或需要复验的；②气瓶改装是否符合规定；③气瓶原始标志是否符合标准和规定，钢印字迹是否清晰可见；④气瓶是否在规定的定期检验有效期限内；⑤气瓶上标出的公称工作压力是否符合欲装气体规定的充装压力；⑥气瓶的漆色、字样是否符合《气瓶颜色标志》的规定；⑦气瓶附件是否齐全并符合技术要求；⑧气瓶内有无剩余压力，剩余气体与欲装气体是否相符；⑨盛装氧气或强氧化性气体气瓶的瓶阀和瓶体是否沾染油脂；⑩新投入使用或经定期检验、更换瓶阀或因故放尽气体后首次充气的气瓶，是否经过置换或真空处理；⑪瓶体有无裂纹、严重腐蚀、明显变形、机械损伤以及其他能影响气瓶强度和安全使用的缺陷。

任何气瓶在充装结束后，都必须经检查员按规定的检查项目逐只检查，不符合技术要求的，应进行妥善处理，严禁出站。气瓶充装后检查的基本项目有：

①瓶壁温度有无异常；②瓶体有无出现鼓包、变形、泄漏或充装前检漏的缺陷；③瓶阀及其与瓶口连接处的气密性是否良好，瓶帽和防震圈是否齐全完好；④颜色标记和检验色标是否齐全并符合技术要求；⑤取样分析瓶内气体纯度及其杂质含量是否在规定范围内；⑥实测瓶内气体压力、重量或压力和重量是否在规定范围内。

《江西省特种设备安全条例》第23条第1款第1项和第3项规定，移动式压力容器、气瓶充装单位的充装活动应当充装前对移动式压力容器、气瓶的安全状况进行检查，并作出记录；不得对超期未检、翻新、报废或者存在安全隐患的移动式压力容器、气瓶进行充装。《江西省燃气管理办法》第 19 条第 1 款第 3 项规定，从事瓶装燃气充气的燃气经营企业不得给不符合国家标准的气瓶、过期未检测的气瓶或者报废的气瓶充 装燃气。

七、不得用槽车等移动式压力容器直接向气瓶充装燃气或者用气瓶相互倒灌燃气

压力容器是指盛装气体或者液体，承载一定压力的密封设备。容器（或称储罐）器壁内外存在着一定压力差的所有密闭容器，均可被称为压力容器，容器是燃气生产的主要设备之一，常用储存燃气的容器多数属于压力容器。储存燃气的容器种类繁多，根据不同的要求，可以有许多分类的方法：一是按压力等级分，分为低压容器、中压容器、高压容器、超高压容器；二是按使用特点分，分为固定式容器、移动式容器（包括罐车和气瓶）；三是按安全重要程度分类，分为第一类容器、第二类容器、第三类容器。压力容器是一种比较容易发生安全事故，而且事故造成的危害又格外严重的特种设备。特别是储存燃气的压力容器，由于储存的是易燃易爆介质，工作压力高，一旦发生意外，可能会带来灾难性的后果，严重威胁社会稳定和人民的生命财产安全。因此，必须按照操作规范进行灌气，不得用槽车等移动式压力容器直接向气瓶充装燃气或者用气瓶相互倒灌燃气。

《江西省燃气管理办法》第 19 条第 1 款第 4 项规定，从事瓶装燃气充气的燃气经营企业不得用槽车直接向气瓶充装燃气。《江西省特种设备安全条例》第 23 条第 1 款第 5 项规定，移动式压力容器、气瓶 充装单位的充装活动不得将移动式压力容器直接向气瓶充装。根据《移动式压力容器安全技术监察规程》之 5.10（5），安全使用要求"禁止移动式压力容器之间相互装卸作业，禁止移动

式压力容器直接向用气设备进行充装"。

第十九条【瓶装燃气服务点的设立】

瓶装燃气经营者设立瓶装燃气服务点的，依照有关法律法规和省规定办理。

【条文释义】

本条是关于瓶装经营者设置燃气服务点的规定。

瓶装燃气行业作为公用事业行业有其特殊性，且自身有灵活性和机动性的特点，加上安全用气与保障社会稳定形势关系密切，一直深受政府部门关注，是城镇燃气监管领域的重点。但就当前实施瓶装燃气行业安全监管的情况来看，还需要制定相关的法律规定来提高安全监管水平，确保瓶装燃气安全管理工作顺利推进，进而使其获得更好的管理效果。

对当前瓶装液化气行业现状进行分析，我国瓶装液化气市场长期存在"散、乱、小"的问题，局面难以突破，企业自身力量不足，管理手段不够正规。目前仍存在一些困难，主要包括以下几点：

第一，近年来由于瓶装液化气市场日渐萎缩，部分液化气企业减少了安全方面投入，甚至为了生存，各液化气企业之间开始无序竞争，为争夺用户，表面上低价销售，实则短斤少两或掺杂其他气体，损害消费者利益；此外，液化气企业未严格落实安全供气责任，降低了对用户用气安全检查、安全宣传教育工作的重视程度，许多用户未能及时整改安全隐患，每年的用户事故屡见不鲜；同时液化气市场安全配送最后一公里问题迟迟得不到解决，不利于保障瓶装燃气用户的权益，存在一定的管理漏洞。

第二，从现有的瓶装液化气企业管理手段来看，更多企业依托传统的管理方式，对于现在要求的"大数据""信息化"技术管理模式难以适应，企业缺乏相关的信息技术人才，不利于未来行业管理能力的提档升级。

第三，各相关部门职责分工仍然不够明确，对"黑气""黑点"联合执法工作力度还需要加强。顶层设计作为行业优化整合成功的必备要素，需要制定相关的配套政策，否则会致使燃气监管和执法工作难以开展。各相关部门对于瓶装液化气企业和用户负有监管、督促责任的，应明确自身职责，进一步细化分工，开展联合工作；而"黑气""黑点"的查处不力，不利于保护正规经营的瓶装液化气企业权益、推动统一配送管理工作开展；另外各属地政府未将燃气用户全部纳入属地监管，用户隐患整改依赖于用户自觉性，缺少有力的监督抓手。

因此，基于以上瓶装燃气行业的现状，瓶装燃气经营者设立瓶装燃气服务点的，需要根据严格的法律程序进行把关，必须依照有关的法律法规和相关规定来办理，以此促进我市燃气行业安全生产工作迈入超前防范、主动作为、良性循环的轨道，确保全市燃气行业安全生产形势持续稳定。

第二十条【送气规定】

瓶装燃气经营者应当与送气服务人员签订合同，并将已签订合同的送气服务人员基本信息报送所在地人民政府燃气主管部门。送气服务人员合同期限届满不再续签或者解除合同的，瓶装燃气经营者应当及时告知所在地人民政府燃气主管部门。

送气服务人员应当参加岗位培训。送气服务人员在从事送气服务时应当遵守下列规定：

（一）送气时穿着相应的瓶装燃气经营者标识的服装；

（二）不得私自在家中、租赁房屋等未经核准的场地存放非自用且已充装燃气的气瓶；

（三）运送与其签订合同的燃气经营者的瓶装燃气，不得运送没有燃气经营者名称标识、合格标签和警示标签的瓶装燃气；

（四）不得超出燃气经营者公示的瓶装燃气销售价格和服务费标准收取费用；

（五）法律、法规的其他规定。

【条文释义】

本条是关于送气服务人员的规定。

一、瓶装燃气经营者应当与送气服务人员签订合同

燃气经营者，是指应领取燃气经营许可证，依法从事燃气经营活动的企业或个人。而送气服务人员是瓶装燃气企业聘用的，为燃气用户提供送气等服务事项的人员。所以，瓶装燃气经营者与送气服务人员之间的关系是：送气服务人员是瓶装燃气经营者履行供气合同的辅助人，送气服务人员是燃气经营者与燃气用户之间的服务"桥梁"，也属于特种设备作业者的范畴。合同是保障合同双方权利、义务的前提，送气服务人员作为瓶装燃气企业的员工，企业有责任、有义务和他们签订合同，保障送气服务人员的合法权益。同时，签订合同也有利于瓶装燃气经营者的管理，方便燃气经营者在发生燃气事故的情况下明确责任。

二、送气服务人员应当参加岗位培训

隐患是导致燃气安全事故的根源，隐患主要有三种形式，即物的不安全状态、人的不安全行为和管理上的缺陷，而其中由于人的安全行为所导致的燃气安全事故在事故总数中占有很大比例。人是燃气经营活动的第一要素，燃气经营活动最直接的承担者就是燃气从业人员，每个岗位从业人员的具体生产经营活动安全了，整个燃气经营单位的安全生产就得到了保障。对燃气从业人员进行岗位培训，控制人的不安全行为，对减少燃气安全事故极为重要。我国燃气从业人员的科学文化水平有待提高。实行市场经济后，乡镇企业、私营企业、个体经济迅速增加，就业岗位随之增加。大量的季节工、农民工走上送气服务人员的岗位，这些燃气从业人员普遍存在文化素质低、安全意识差，缺乏防止和处理燃气事故隐患及紧急情况的能力等问题。那么，对送气服务人员进行岗前培训，可以使广大送气服务人员正确按章办事，严格执行送气操作规程，并正确运用科学技术知识加强治理和预防，及时发现和消除燃气事故隐患，保证安全送气。因此，为了进一步提高燃气配送服务人员的安全意识和应急处理能力，规范安全送气行为，维护燃气经营市场秩序，有必要对送气服务人员进行上岗前的培训教育。

送气服务人员的到岗培训内容，主要包括以下几方面：安全警示教育、业务技能理论培训、燃气基本知识、送气工配送服务规范、燃气行业相关法律法规、送气入户安检及案例分析等。燃气经营者应当按照本企业到岗培训的总体要求，结合送气服务人员的特点，科学、合理安排教育和培训工作。采取多种形式开展岗位培训，包括组织专门的岗位培训教育班、作业现场模拟操作培训、召开事故现场分析会等，确保取得实效。通过岗位培训，燃气经营单位要保证送气服务人员具备从事本职工作所应具备的燃气知识或送气知识，熟悉有关燃气规章制度和安全操作规程，掌握本岗位的安全操作技能，了解燃气事故应急处理措施，知悉自身在安全送气方面的权利和义务。对于没有经过岗位教育和培训，包括培训不合格的送气服务人员，燃气经营单位不得安排其上岗作业。

（一）不得私自在家中、租赁房屋等未经核准的场地存放非自用且已充装燃气的气瓶

气瓶储存环境的条件：①气瓶宜存储在室外带遮阳、雨篷的场所或专用仓库，仓库应符合《建筑设计防火规范》的有关规定；②气瓶存储室不得设在地下室或半地下室，也不能和办公室或休息室设在一起；③存储场所应通风、干燥，防止雨雪淋、水浸，避免阳光直射，严禁明火和其他热源，不得有地沟、暗道和底部通风孔，并且严禁任何管线穿过；④旋紧瓶帽，放置整齐，留有通道，妥善固定，气瓶卧放应防止滚动，头部朝向一方，高压气瓶堆放不应超过5层；⑤存储可燃、爆炸性气体气瓶的库房内照明设备必须防爆，电器开关和熔断器都应设置在库房外，同时应设避雷装置；⑥盛装有毒气体的气瓶，或所装介质互相接触后能引起燃烧爆炸的气瓶，应分室贮存，并在附近设有防毒用具或灭火器材；⑦盛装易于起聚合反应的气体气瓶，应规定储存期限；⑧禁止将气瓶放置到可能导电的地方。国家相关技术规范对储存燃气气瓶的场所有明确严格的规定，因此，燃气气瓶的储存场地要符合国家标准或行业标准的要求，将非自用且已充装燃气的气瓶放于未经核准的场地是违反法律规定的，存放场地未达到燃气气瓶的储存条件，存在事故隐患和风险，一旦引发燃气安全事故将给人民群众的生命财产带来巨大的威胁和损失。

（二）运送与其签订合同的燃气经营者的瓶装燃气，不得运送没有燃气经营者名称标识、合格标签和警示标签的瓶装燃气

根据本条例第16条第8项的规定，燃气经营者不得冒用其他经营者名称或者标识从事燃气经营、服务活动，即燃气经营者只能以自己的名称或标识进行合法经营或服务。而送气服务人员作为该燃气经营企业的员工，自然也只能运送具有本燃气经营企业名称标识、合格标签的瓶装燃气，只能运送与其签订合同的燃气经营者的瓶装燃气。根据《反不正当竞争法》第6条的规定，经营者从事市场经营，不得擅自使用他人的企业名称或姓名，引人误以为是他人商品。冒用其他企业名称或标识从事燃气经营、服务活动是一种侵权行为，构成不正当竞争，要承担相应的法律后果。

（三）不得超出燃气经营者公示的瓶装燃气销售价格和服务费标准收取费用

《城镇燃气管理条例》第23条规定，燃气销售价格，应当根据购气成本、经营成本和当地的经济社会发展水平合理确定并适时调整。县级以上地方人民政府价格主管部门确定和调整管道燃气销售价格，应当征求管道燃气用户、管道燃气经营者和有关方面的意见。燃气价格关系燃气经营企业和燃气用户的切身利益，合理确定和调整燃气销售价格对城镇燃气事业发展至关重要，燃气销售定价和调整要综合考虑燃气经营者的购气成本、经营成本、当地经济社会发展水平和群众的价格心理承受能力等方面因素。根据《价格法》第23条的规定，制定关系群众切身利益的公用事业价格、公益性服务价格、自然垄断经营的商品价格等政府指导价、政府定价，应当建立听证会制度，由政府价格主管部门主持，征求消费

者、经营者和有关方面的意见，论证必要性、可行性。由此可见，瓶装燃气的销售价格和收取的服务费用有严格的定价规定，需要考虑各方面的因素来确定价格。因此，燃气经营者和送气服务人员需要严格执行燃气经营者公示的瓶装燃气销售价格和服务费标准收取费用的规定，不得超出公示价格的范围，否则就违反了相关法律规定，需要承担相应的法律责任。

第二十一条【车用燃气经营者行为准则】

车用燃气经营者除遵守本条例第十六条规定外，还应当遵守以下规定：

（一）制定安全操作规程，指导用户遵守安全规定；

（二）不得向无压力容器使用证或者与使用证登记信息不一致的汽车储气瓶加气；

（三）不得向机动车储气瓶以外的其他气瓶或者装置加气。

【条文释义】

本条是关于车用燃气经营者特殊要求的规定。

一、制定安全操作规程，指导用户遵守安全规定

操作规程是生产经营单位为保障安全生产而对重要岗位、关键环节、危险设备的操作规范和具体程序所作的规定，是具体指导作业人员进行安全生产的重要技术准则。安全操作规程是指在生产经营活动中，为消除能导致人身伤亡或造成设备、财产破坏以及危害环境的因素而制定的具体技术要求和实施程序的统一规定。《安全生产法》《职业病防治法》《消防法》《特种设备安全法》等法律法规以及国家标准中都有明确操作规程相关要求的内容。安全操作规程与岗位紧密联系，是保证岗位作业安全的重要基础。燃气经营者应当制定安全操作规程并保证其有效实施。违反操作规程后果严重，可能导致人身伤害、设备损坏和财产损失，因此必须指导燃气用户遵守安全规定。

（一）安全操作规程的内容

安全操作规程的内容应当包括：岗位危险源、控制标准、操作中的安全方法和严禁事项、发生紧急情况时的应急措施。

1. 岗位危险源

岗位危险源是特定岗位存在的可能造成操作人员身体伤害或健康损害的危险和危害因素，它可能是一个不正确的操作方法，可能是设备设施上一处缺陷，也可能是一种有毒有害的物质。运用危险源辨识的方法，找出岗位存在的危险源，为编制安全操作规程做好基础工作。

2. 控制标准

控制标准是对操作者的安全操作要求，有的是国家或行业的安全技术标准或法律法规的具体要求；有的是企业从多年的安全管理经验和教训中得出的企业内部标准或要求。控制标准应当尽可能地量化，如明确规定符合安全条件的压力、温度、期限等。

3. 安全操作方法和严禁事项

安全操作方法是规定如何操作才符合安全要求，才不会造成事故的正确的操作方法，只有明确规定安全操作方法才能指导员工正确操作，避免误操作、操作不当而导致事故发生。严禁事项是操作者在任何情况下绝对不允许出现的操作、动作、行为，若违反严禁事项极有可能造成事故。

4.应急措施

应急措施是在紧急情况发生时，操作者应当立即采取的措施，如泄漏物如何紧急处置、着火时怎样紧急灭火等。为使员工在发生紧急情况时能够熟练掌握应急方法，企业应当在安全操作规程中对一些常用的应急处置方法予以规定。

（二）安全操作规程的编制原则

安全操作规程应当涵盖所有岗位，不能有空缺。一般以岗位为基本单元进行编制，即一个岗位对应一个安全操作规程。应充分考虑相同工种、不同工位、不同作业环境对安全规程的不同需求，可以适当分章节编写。应注意以下特殊情形：

①有的设备危险因素较多，操作人员相对固定，可以针对该设备编制独立的安全操作规程，但要与设备操作规程相衔接，避免重复；②登高、维修等危险程度较高的作业活动，涉及人员多且不固定，可以针对该作业活动编制独立的安全操作规程；③应依据工艺流程、设备性能、操作方法和工作环境，结合生产实际进行编制；④充分考虑工艺或设备的变更，及时对安全操作规程进行更新；⑤安全操作规程的语言文字应当简练、通俗易懂，专业术语、数字要准确无误。

（三）编制安全操作规程的注意事项

第一，以作业流程为主线。编制时应按照岗位作业的前后逻辑顺序，按照岗位作业具体流程编制操作规程，保证思路清晰、结构合理。作业比较单一的岗位，可按照单一流程（设备操作顺序）开展规程的编制工作；岗位涉及多项并列的工作，则要分别将每项工作分解为具体的步骤编制规程；岗位贯穿多项工序，如起重工在许多工序上都要配合作业，则要在工序的基础上，按照具体流程编制操作规程。另外，当岗位涉及的设备设施和作业活动较复杂时，在规定通用要求的前提下，可按不同设备、不同的作业活动流程分别描述岗位作业安全要求的内容。

第二，以危害辨识为基础。在划分作业流程的基础上，应识别每个作业流程及步骤的危害因素。一是找出可能造成人身伤害事故的违规行为，规定规范的操作方法；二是找出可能造成人身伤害的危险部位，制定防范的措施和方法；三是找出可能造成人员健康损害的原材料、工艺流程，制定防护措施和对策，这些措施和方法经过文字梳理，形成了操作规程的核心要求。危害因素辨识时可参考《生产过程危险和有害因素分类与代码》《企业职工伤亡事故分类》《职业病危害因素分类目录》等国家相关标准规范。

第三，以标准规范为依据。规程编制时要坚持依法合规，不能违背相关标准规范的内容，也不能违背企业相关规章制度和相关设备说明书的要求。

第四，以充分适宜为前提。首先规程内容要充分，对作业人员在岗位作业中必须做的、禁止做的、需要注意的事项都要明确要求，避免因为规程内容不充分、员工随意作业而导致事故发生的情况。其次规程要有针对性，针对作业涉及的设备设施、器具、作业环境等进行编制，要适合岗位自身实际情况和特点，避免照搬其他企业的规程。

第五，以简洁明了为原则。规程用语应简洁通俗，清晰易懂，便于员工理解掌握，也可采用流程图、图文并茂等形式。规程要明确具体的操作准则，避免模糊、笼统、泛泛而谈。

第六，以风险控制为目的。操作规程的目的是规范员工的行为，避免事故的发生，所以操作规程的制定要立足于风险的预防和控制。在划分流程步骤时，关键的步骤一定不能遗漏，避免因步骤遗漏导致相关风险未辨识，未明确相关风险的控制措施导致操作规程内容存在严重缺失。

二、不得向无压力容器使用证或者与使用证登记信息不一致的汽车储气瓶加气

压力容器是一种比较容易发生安全事故，而且事故造成的危害格外严重的特种设备。而压力容器内储存的介质一般都是较高压力的气体或液化气体。容器爆炸时，这些介质瞬间卸压膨胀，释放出很大的能量，这些能量能产生强烈的空气冲击波，使周围的厂房、设备等遭到严重破坏。容器爆破以后，容器内的介质外泄，还会引起一系列的恶性连锁反应，使事故的危害进一步扩大。

从使用技术条件方面来说，压力容器的使用技术条件比较苛刻，压力容器要承受较高的压力载荷，工况环境也比较恶劣。在操作失误或发生异常情况时，容器内的压力会迅速上升，往往在未被发现的情况下，容器便已破裂。容器内部常常隐藏有严重的缺陷（裂纹、气孔、局部应力等），这些缺陷若在运行中不断扩大，或在适当的条件（使用温度、压力等）下会使容器突然破裂。

在使用管理上，如购买无压力容器制造资质厂家生产的设备作为承压设备，并避开注册登记和检验等安全监察管理或是向无压力容器使用证或者与使用证登记信息不一致的汽车储气瓶加气，不按照安全操作规程和规章充装燃气，将留下无穷的后患。所以，车用燃气经营者必须向有压力容器证的汽车储气瓶加气，遵守安全加气的规定，以防燃气事故的发生。

此外，不得向机动车储气瓶以外的其他气瓶或者装置加气。机动车辆简称"机动车"，是由自带动力装置驱动或牵引，可在陆地

上行驶的轮式"车辆"。在中国一般指在道路上行驶的，供乘用或（和）运送物品或进行专项作业的车辆，包括汽车、挂车、无轨电车、农用运输车、摩托车、机动三轮车、运输用拖拉机（包括带挂车的轮式拖拉机）以及轮式专用机械车等，但不包括任何在轨道上运行的车辆。车装燃气经营者只能向上述范围内的机动车储气瓶充装燃气，不得向机动车储气瓶以外的其他气瓶或装置加气。

第四章　燃气使用

本章是关于燃气使用的规定，共三条。本章明确了用户以及餐饮业用户在使用燃气时应遵守的规则，并对安装、维修燃气燃烧器具进行了规定。

第二十二条【燃气使用规定】

燃气用户应当遵守下列规定：

（一）配合燃气经营者进行安全检查、抢修、维修、抄表与更换计量装置等业务活动；

（二）使用符合国家标准并与当地燃气种类相适应的燃气燃烧器具，及时更换使用年限已届满的燃气燃烧器具、连接管等；

（三）不得盗用燃气；

（四）不得自行安装、改装、拆除、迁移户内管道燃气设施和燃气计量装置；

（五）不得将管道燃气设施砌入墙体或者采取其他可能影响管道燃气设施安全的方式遮盖、隐蔽管道燃气设施；

（六）初装管道燃气用户未经燃气经营者验收合格不得自行开通点火；

（七）不得在有管道燃气设施的房间内存放易燃、易爆物品；

（八）不得加热、摔砸、倒卧、曝晒气瓶；

（九）不得倾倒燃气残液；

（十）不得使用明火检查泄漏；

（十一）法律、法规的其他规定。

鼓励燃气用户使用金属波纹管等防损、抗老化输气软管连接燃气燃烧器具。

非居民用户应当落实燃气安全管理制度，并设置专门安全管理人员、操作人员负责燃气设施日常安全管理；安全管理人员、操作人员应当接受安全生产教育和培训。

【条文释义】

本条是所有燃气用户普遍应当遵守行为的规定。

一、燃气用户应当遵守的规定

一方面，燃气用户作为供用气合同一方，其应当履行供用气合同约定的义务，如配合燃气经营者进行安全检查、抢修、维修、抄表与更换计量装置等业务活动；另一方面，燃气用户使用燃气不仅是个人的行为，其行为不当或使用燃气燃烧器具不符合安全规定，极易引起危害爆炸等危害公共安全事件。因此，木条也规定了燃气用户使用燃气时需要遵守的一般安全规范，主要包括以下几个方面：

（一）配合燃气经营者进行安全检查、抢修、维修、抄表与更换计量装置等业务活动

燃气经营者对燃气设备进行安全检查、抢修、维修、抄表与更换计量装置等业务活动，是对燃气用户的燃气设备可能存在的隐患、危险因素及缺陷等进行查证，以确定隐患、危险因素、缺陷的存在状态及它们转化为事故的条件，进而制定整改措施，消除隐

患、危险因素，确保燃气用户及其他周围群众的安全。而燃气用户作为燃气设备的所有人，必须高度配合燃气经营者安全检查、抢修、维修、抄表与更换计量装置等业务活动，为自己以及周围群众消除危险因素。

1. 安全检查

安全生产的核心是防止事故，事故的原因可归结为人的不安全行为、物（包括燃气设备、工具、物料、场所等）的不安全状态和管理上的缺陷三方面因素。预防事故就要从防止人的不安全行为、物的不安全状态和完善安全生产管理三方面因素着手。正常运行的设备可能会出现故障，人的操作受其自身条件（安全意识、安全知识与技能、经验、健康与心理状况等）的影响，可能会出差错，管理也可能有失误，如果不能及时发现这些问题并加以解决，就可能导致事故，所以必须及时了解生产中人和物以及管理的实际状况，以便及时纠正人的不安全行为、物的不安全状态和管理上的失误。安全检查的目的就是及时发现这些事故隐患，及时采取相应的措施消除这些事故隐患，从而保障燃气设备的安全使用。

安全检查包括居民用户安全检查和非居民用户安全检查：

（1）居民用户安全检查的内容

第一，户内管检查。使用安检仪测试用户燃气系统是否漏气，包括所有燃具、燃气表、减压阀、阀门及管道；户内管是否锈蚀，稳固、管卡是否适当；户内管阀门（包括表前阀、燃具前阀）是否开关灵活；客户是否在燃气管道上搭挂重物及接地；管道有无私改、私接现象，是否被封闭、不通风，与周围其他设施的安全间距；管道材质及接口填料是否符合要求；阀门使用是否顺畅及安装位置是否方便操作。

第二，连接燃具软管检查。软管材质是否符合安全规范要求，长度是否超过 2 米，是否漏气；软管是否存在弯折、拉伸、破损及老化现象；软管中间是否有接口、三通，接头是否松脱；橡胶软管是否穿墙、顶棚、地面、物体窗和门，是否装上管夹固定；不锈钢波纹软管是否锈蚀，是否超期使用，与周边带电物体是否有足够的安全间距。

第三，燃气表检查。使用可燃气体检漏仪或肥皂水检查是否漏气；燃气表外表是否锈蚀，是否损坏，检查燃气表在最小流下是否正常工作（通气但不转动）；燃气表与周边其他设施是否有足够的间距，是否有足够的通风；表前阀门安装位置是否易于操作以及是否被其他东西阻碍不能开关；记录燃气表的品牌，型号及入气口位置。

第四，燃气灶检查。灶具操作是否正常，各部位是否松动、脱落；燃烧的火焰情况是否正常，熄火自动保护装置是否正常使用；燃气灶与周边其他设施是否有足够的安全间距，是否有足够的通风；灶具的点火性能；检查加臭效果；记录燃具的种类、品牌、型号及分类，检查灶具是否超过使用年限。

第五，检查燃气用户用气及燃气设施房间的通风情况。用气房间是否有排风设施，是否在用气时启动；非用气时间及有燃气设施的房间是否保持空气畅通。

第六，燃气用户宣传。用户宣传是指进行燃气安全知识宣传，向用户发放《燃气安全使用手册》，推荐客户使用安全燃具。告知用户基本安全用气知识；正确使用燃气器具的方法；防范和处置燃气事故的措施；应急处置的联系方法、联系电话；保护燃气设施的义务；推荐客户使用安全的燃气用具。

（2）非居民用户安全检查的内容

非居民用户安检对象分为商业用户和工业用户，商业用户可再分为餐饮类及非餐饮类。非用户安全检查的内容包括以下几方面：

第一，外观检查。管道是否被私收，是否存在偷气情况；管道及连接处是否锈蚀，尤其关注处于潮湿环境的燃气管道；管道是否稳固，是否设有管夹；管道是否有清晰的指示标识或标记；管道周边是否存在违章情况，影响管道安全。

第二，气密性检查。工业用户及非餐饮用户应使用可燃气体检漏仪检查自引入管总阀后的管道系统各接口处是否漏气；餐饮用户应采用 U 形压力计对计量装置后管道系统进行气密性测试。

第三，计量装置检查。计量装置安装位置是否通风良好；计量装置外壳是否锈蚀；计量装置读数盘是否损坏；计量装置指针是否转动；计量装置及其连接部位是否漏气；计量装置与周围其他设施的安全间距是否符合要求；计量装置是否有清晰的指示标识；记录计量装置的品牌、型号、进气口位置、出厂日期及读数。

第四，阀门检查。紧急切断阀是否有清晰的开关指示牌、警告指示牌；检查紧急切断阀、燃具前控制阀开关是否灵活，是否生锈，是否漏水；燃具前控制阀手柄是否遗失，开关是否灵活。

2. 安全抢修

为了控制燃气事故并将燃气事故损失减少到最低，燃气经营者应制定燃气事故抢修制度和事故上报程序，确保燃气经营者能在事故发生的第一时间获知燃气事故情况，并做到准确判断事故的原因，立即组织有效的抢修。安全抢修的一般要求：

第一，制定应急预案的目的是一旦发生突发性事故就能及时应对，尽可能控制事态的发展。考虑到事故的偶然性和人员的动态性，必须对应急预案涉及的有关人员和资料进行定期审核、完善和调整。

第二，调整完善安全应急预案有关资料周期。

第三，电话接听员要十分清楚所有抢修人员的工作时间和非工作时间的联系方式。

第四，员工应熟悉掌握应急预案的内容，公众假期时间，主管及以上人员必须事先报告去向与联系方式，并办理请假手续。

第五，在突发性事故信息发出后，所有接到指令的人员必须无条件服从。

第六，任何人员未经单位授权，不得向外界发布任何与突发性事故相关的消息，以免造成不良影响。

第七，在抢修的同时，如安全条件允许，可通过技术处理，尽可能减少损失，降低影响。

(二) 使用符合国家标准并与当地燃气种类相适应的燃气燃烧器具，及时更换使用年限已届满的燃气燃烧器具、连接管等

根据《城镇燃气管理条例》第 53 条第 2 项的规定，燃气燃烧器具是指以燃气为燃料的燃烧器具，包括居民家庭和商业用户所使用的燃气灶、热水器、沸水器、采暖器、空调器等。燃气燃烧器具使用和管理水平关系燃气用户的合法利益，直接影响人民生命财产安全、公共安全和环境质量，购买的燃气燃烧器具必须符合《家用燃气灶具》(GB 16410-2020)、《燃气容积式热水器》(GB 18111-2021)、《燃气采暖热水炉》(GB 25034-2020) 三项强制性国家标准，使用安全高质量的燃气燃烧器具。此外，燃气燃烧器具是有一定的使用年限，例如燃气灶和热水器的使用年限是 6 年至 8 年，需

要及时更换使用年限已届满的燃气燃烧器具、连接管等燃气设备。《城镇燃气管理条例》第 28 条第 3 项规定，燃气用户及相关单位和个人不得安装、使用不符合气源要求的燃气燃烧器具

（三）不得盗用燃气，不得自行安装、改装、拆除、迁移户内
　　　管道燃气设施和燃气计量装置

盗用燃气是指公民、法人或其他单位和组织以非法占有为目的，采取秘密手段窃用燃气的行为。盗窃燃气的主要手段包括改变燃气表的计数装置、远传装置、伪造铅封或绕越燃气表用气等。破坏燃气设施是指故意或过失对已投入使用，处于正常运行、检修、备用状态的产气、供气、输气、调压、燃气通信设施及其他辅助设施，实施拆盗、毁坏、放置异物、放火、爆炸、制造事故及其他影响燃气生产运行和安全的行为。上述盗用燃气的行为也构成破坏燃气设施的行为。众所周知，燃气设备设施的安装、改装、拆除以及移除必须由具有专业资质的燃气专业公司进行施工。燃气用户擅自安装、改装、拆除燃气设施和燃气计量装置，会存在严重的安全隐患，极易发生燃气泄漏，引起各种燃气火灾爆炸事故，直接危害燃气用户和周边居民的人身财产安全。《城镇燃气管理条例》第 28 条第 4 项和第 6 项规定，燃气用户及相关单位和个人不得擅自安装、改装、拆除户内燃气设施和燃气计量装置；盗用燃气。

（四）管道燃气设施的安全管理

在燃气管道设施的安全保护范围内，禁止从事下列危及燃气管道设施安全的活动：①建设占压地下燃气管线的建筑物、构筑物或者其他设施；②进行爆破、取土等作业或者动用明火；③倾倒、排放腐蚀性物质；④放置易燃易爆危险物品或种植深根植物；⑤其他危及燃气管道设施安全的活动。因此，燃气用户不得将管道燃气设

施砌入墙体或者采取其他可能影响管道燃气设施安全的方式遮盖、隐蔽管道燃气设施；不得在有管道燃气设施的房间内存放易燃、易爆物品，这些行为都可能导致燃气事故。

（五）不得加热、摔砸、倒卧、曝晒气瓶

气瓶爆炸主要是由温度和压力急剧上升，气瓶里的成分发生分解而引起的。加热、摔砸、倒卧、曝晒气瓶都会使气瓶的温度和压力急剧上升，从而导致气瓶爆炸。因此，气瓶不允许加热、摔砸、倒卧、曝晒。

（六）不得倾倒燃气残液

私自乱倒液化气残液隐患很大，残液气味难闻，容易污染空气，且残液比空气重，与空气接触后易挥发成爆炸性气体。另外。液化石油气的密度比空气大，它很容易长时间在低洼处或水下井聚集，烟头、机动车排气管的火花都可能引起爆炸、火灾，造成人员伤亡。

（七）不得使用明火检查泄漏

及时发现泄漏是预防、治理泄露的前提，特别是燃气生产作业区域和使用场所，泄漏检查显得更重要和必要。传统上，人们凭借长期现场工作积累的经验或者是长期使用燃气的经验，会依靠自身的感觉器官，用"眼看、耳听、鼻闻、手摸"等原始方法查找泄漏。但是，绝对不得使用明火检查泄漏，燃气属于易燃易爆的气体，遇明火会爆炸，极其不安全。

随着现代电子技术和计算机的迅速发展和普及，泄漏检测技术正在向仪器检测、监测方向发展，高灵敏度的自动化检测仪器已逐步取代人的感官和经验。目前，国内外普遍采用的泄漏检测方法有视觉检漏法、声音检漏法、嗅觉检漏法和示踪剂检漏法。

1. 视觉检漏法

通过视觉来检测泄漏，常用的光学仪器有内窥镜、红外线检测仪和摄像机等。其中内窥镜主要是利用深入管道、容器内部的摄像头和计算机，直观地探测内部缺陷和泄漏情况。内窥镜在物镜一端有光源，另一端是目镜，使用时把物镜端伸入要观察的地方，启动光源，看到内部图像，从而发现有无泄漏。

而红外线检测仪是利用自然界的一切物体都有辐射红外线这一自然现象，探测和判别被检测目标的温度高低与热场分布，对运行中的管道、设备进行测温和检测泄漏。特别是热成像技术，即使在夜间无光的情况下，也能得到物体的热分布图像，根据被测物体各部位的温度差异，结合设备结构和管道的分布，可以诊断设备、管道运行状况，有无故障或故障发生部位、损伤程度及引起事故的原因。

2. 声音检漏法

发生泄漏时，流体喷出管道、设备与器壁摩擦，穿过漏点时形成气流，与空气、土壤等撞击都会发出泄漏声波。尤其是在窄缝泄漏的过程中，由于流体在横截面上流速的差异产生压力脉动而形成声源。采用高灵敏的声波换能器能够捕捉到泄漏声，并将接收到的信号转变成电信号，经放大、滤波处理后，换成人耳能够听得到的声音，同时在仪表上显示，就可以发现泄漏点。燃气工程中常用的声音检漏方法主要有超声波检测、声脉冲快速检测和声发射检测。

3. 嗅觉检漏法

嗅觉检漏法在燃气工程中应用非常广泛。近年来，以电子技术为基础的气体传感器得到迅速的发展和普及，各式各样的可燃气体检测仪和报警器层出不穷，如便携式燃气检测仪、手推式燃气管道检漏仪、固定式可燃气检测报警器以及家用燃气检测仪等，这些可燃气体检测仪和报警器的基本原理是利用探测器检测周围的气体，通过气体传感器或电子气敏元件得出电信号，经处理器模拟运算给出气体混合参数，当溢出的燃气和空气混合达到一定浓度时，检测仪、报警器就会发出声光报警信号。

4. 示踪剂检漏法

由于天然气、液化石油气等一般都无色无味，泄漏时很难察觉。为快捷地发现泄漏和安全起见，通常在燃气中添加一种易于检测的化学物质，被称为元踪剂（加臭剂），加臭后的燃气如发生泄漏较易察觉。

二、非居民用户应遵守的义务

（一）落实燃气安全管理制度，并设置专门安全管理人员、操作人员负责燃气设施日常安全管理

城市燃气安全管理工作是一个以"人"为核心的工作，人既是做好安全管理工作的入手点，又是安全管理的目的。管理者及从业者应保持应有的警惕，对待安全工作，就像对待达摩克利斯之剑，开展工作时少一些功利心，多一些危机感、责任心，通过加强安全思想认识，倡导安全管理及作业行为，实现以人为本、尊重生命的目标。除加强安全思想意识指导人的行为以外，还应建立健全燃气安全管理制度以约束人的行为。燃气企事业单位须建立有效的常规安全管理制度和管理体系，企业法人代表作为第一责任人，应分级分层明确人力及资源配置；提出量化安全目标以及具体执行措施；制订切实可行的应急预案，建立应急救援指挥体系，并定期演练，提高处理突发事故的能力。另外，应急预案要根据当地的实际情况，将易发生的自然灾害对燃气行业的影响考虑在内。常规制度与

应急预案都须定期评审，根据实际情况及时调整与更新。有了完善的燃气安全管理制度，接下来就是燃气安全管理制度的落实，任何制度没有实际落实都是空置的。因此，燃气用户务必落实燃气安全管理制度，设置专门安全管理人员、操作人员负责燃气设施日常安全管理，为自己和他人营造安全的生产生活环境。

（二）安全管理人员、操作人员应当接受安全生产教育和培训

安全生产教育和培训是安全生产管理工作的一项重要组成部分，是实现安全生产的一项重要基础性工作。人是生产经营活动的第一要素，生产经营活动最直接的承担者就是从业人员，如果每个岗位的具体生产经营活动安全，那么整个生产经营单位的安全生产就有保障。安全管理人员、操作人员作为燃气安全的管理者、一线工作人员，其安全素质和操作技能必须过关。安全生产教育和培训的内容，主要包括以下几个方面：①安全生产的方针、政策、法律、法规以及安全生产规章制度的教育和培训；②安全操作技能的教育和培训，我国目前一般实行入厂教育、车间教育和现场教育三级教育和培训；③安全技术知识教育和培训，包括一般性安全技术知识，如单位生产过程中不安全因素及规律、预防事故的基本知识、个人防护用品的佩戴使用、事故报告程序等，以及专业性的安全技术知识，如防火、防爆、防毒等知识；④发生生产安全事故时的应急处理措施，以及相关的安全防护知识；⑤从业人员在生产过程中的相关权利和义务；⑥特殊作业岗位的安全生产知识和操作要求等。

第二十三条【服务行业燃气使用规定】

宾馆、餐饮等服务行业用户使用燃气的，除遵守本条例第二十

二条的规定之外，还应当遵守下列规定：

（一）定期进行燃气安全检查，做好检查记录，并制定燃气安全应急处置方案；

（二）安装燃气泄漏报警装置，配合燃气经营者定期检查，确保燃气泄漏报警装置有效；

（三）按国家法律、法规和消防技术标准配备消防器材并做好维护；

（四）不得在地下室、人员密集场所的用餐区、市政燃气管网覆盖范围内营业面积三百平方米以上餐饮场所的厨房以及其他不具备安全条件的场所使用瓶装燃气。

【条文释义】

本条是对餐饮行业燃气用户应当遵守的行为的特殊规定。

一、定期进行燃气安全检查，做好检查记录，并制定燃气安全应急处置方案

人的不安全行为和物的不安全状态，是造成燃气安全事故发生的基本因素。为了消除这些因素的存在，排除隐患，就要设法及时发现它，进而采取消除的措施。这就需要对生产经营单位的安全生产状况进行经常性的检查。安全检查根据主体的不同，分为有关部门进行的检查和燃气用户自行检查两种形式。其中，燃气用户的自查最为普遍。

燃气用户的安全管理人员应当根据本单位的生产经营特点，对本单位的安全生产状况进行经常性的检查。一般来说，安全检查主要涉及安全生产规章制度是否健全、完善，安全设备、设施是否处于正常的运行状态，从业人员是否具备应有的安全知识和操作技

能，从业人员在工作中是否严格遵守安全生产规章制度和操作规程，从业人员的劳动防护用品是否符合标准以及是否有其他事故隐患等。

燃气用户的安全管理人员在对本单位的安全生产状况进行检查的过程中，发现存在的安全问题，可以处理的应当立即采取措施进行处理，如发现劳动者没有穿戴安全防护用品，应当立即要求其改正。对于不能当场处理的安全问题，如安全设备不合格，需要改建等情况，安全管理人员无法立即采取措施进行处理的，应该立即将这一情况报告给本单位的主要负责人或者是主管安全生产工作的其他负责人，报告应当包括安全问题发现的时间、具体情况以及如何解决等内容。有关负责人在接到报告后，应当及时处理。

燃气用户的安全管理人员应当将安全检查的情况，包括检查的时间、范围、内容、发现的问题及其处理情况等都详细地记录在案，作为本单位的安全档案，作为日后完善相关制度的参考或者在发生事故时作为调查事故原因的依据等。此外，燃气用户还应当根据法律法规和国家其他规定，结合本单位的燃气危险源状况、危险性情况和可能发生的燃气事故特点制定燃气安全应急处置方案。燃气安全应急处置方案应当符合以下基本要求：

①符合有关法律、法规、规章、标准和安全技术规范的规定；②结合本单位的生产经营活动的特点和安全生产实际情况；③结合本单位的危险分析情况，针对本单位的风险隐患特点；④应急组织和人员的职责分工明确，并有具体的落实措施；⑤有明确、具体的事故预防处置措施和应急程序，并与其应急能力相适应；⑥有明确的应急保障措施，并能满足本单位的应急工作要求；⑦处置方案基本要素齐全、完整，处置方案附件提供的信息准确；⑧处置方案内

容与相干应急救援预案相互衔接。

二、安装燃气泄漏报警装置，配合燃气经营者定期检查，确保燃气泄漏报警装置有效

泄漏治理重在预测和预防，它离不开先进的技术和装备。在燃气行业，生产装置或系统应优先考虑配备先进的自动化监测、检测仪器和设备，如在防爆区域设置燃气泄漏浓度报警器、静电接地保护报警器，通过自动化泄漏装置来降低火灾或爆炸的风险，消除事故隐患。

而运行中的燃气设施要定期进行检查和维修保养，发现泄漏要及时进行处理以保证系统处于良好的工作状态。要通过预防性的检查、维修，改进零部件、密封填料，紧固松弛的法兰螺栓等方法消除泄漏；对于老化的、技术落后的、泄漏事件频发的设备，则应进行更新换代，从根本上解决泄漏问题。因此，燃气用户必须配合燃气经营者定期检查燃气设备，确保燃气泄漏报警装置有效。

三、按国家法律、法规和消防技术标准配备消防器材并做好维护

消防器材作为灭火救援工作得以顺利开展的必要装备，消防器材的维护保养工作具有重要的意义，它直接关系人民的生命财产安全。但是，可能燃气用户考虑到资金问题，在对消防装备器材维护保养过程中普遍存在不及时更新换代的问题，这将严重影响救灾的情况。燃气是一种高风险的气体，一旦某一方面或某一步骤未按规范程序做好，就极易引发火灾，而消防器材作为灭火的装备，必须达到符合国家法律、法规规定的标准和消防技术标准，这是防止火灾给人们的生产生活带来重大损害的物质前提。

第二十四条【燃气器具安装、维修规定】

燃气燃烧器具安装、维修经营者应当按照国家标准和规范安装并指导用户正确使用燃气燃烧器具，并建立健全用户档案，不得有下列行为：

（一）安装或者使用不符合国家标准的燃气燃烧器具和配件；

（二）擅自移动燃气计量装置和管道燃气设施；

（三）维修使用年限已届满的燃气燃烧器具。

【条文释义】

本条是关于燃气燃烧器具安装、维修经营者行为规范的规定。

随着能源架构的转变，燃气资源的应用范围和利用率逐渐变大和提高，燃气燃烧器具也是其一大使用范围，燃气燃烧器具的涉及面广，属于高危险性的产品。我国燃气燃烧器具安全事故一直都没有中断过，几乎平均每天都会发生数起由于燃气燃烧器具而造成的死亡、爆炸以及着火等安全事故，所以规范燃气和燃气燃烧器具的安全极为重要。目前，我国颁布了《家用燃气灶具》（GB 16410-2020）、《燃气容积式热水器》（GB 18111-2021）、《燃气采暖热水炉》（GB 25034-2020）三项强制性国家标准，都是规范企业和用户行为和法律责任的文件，主要是规范燃气和燃气燃烧器具产品的强制性条款、事故规范处理责任的文件，对规范燃气和燃气燃烧器具产品市场和减少安全事故的发生有着积极的推动作用。

所谓燃气供应者是指销售燃气给用户的燃气企业：如燃气企业生产、销售燃气燃烧器具，则燃气企业同时是生产者、销售者；如燃气企业从事安装和维修燃气燃烧器具，则燃气企业同时是安装者和维修者。其应具有稳定供应燃气的责任、宣传服务、指导燃气用户正确使用燃气燃烧器具的责任和义务以保证燃气供应的稳定性和用户使用燃气的安全性。燃气燃烧器具安装、维修经营者有对燃气燃烧器具用户进行教育和宣传的义务，使燃气燃烧器具用户了解燃气和燃气燃烧器具可预见的安全风险，减少并避免燃气危害事故的发生，保障用户使用燃气和燃气燃烧器具安全性。宣传服务的主要内容应包括：①正确使用燃气和安全用气的基本知识；②向用户宣传如何防止燃气事故的发生；③防止燃气泄漏的场所及发生事故时采取的紧急措施和联络方式；④新用户与燃气供应者的联系方式；⑤必须使用与燃气相匹配的燃气燃烧器具；⑥燃气燃烧器具安全管理和维护的基本知识；⑦燃气燃烧器具使用场所和环境要求及换气情况；⑧向用户宣传不按标准规定安装燃气燃烧器具可能造成的严重后果。例如，安装或者使用不符合国家标准的燃气燃烧器具和配件、擅自移动燃气计量装置和管道燃气设施、使用年限已届满的燃气燃烧器具，都易引发燃气安全事故。

一、燃气燃烧器具安装者服务的基本要求

①从事燃气燃烧器具安装的公司或企业，必须由生产者对从事燃气燃烧器具安装的公司或企业的从业人员，进行燃气燃烧器具安装的技术培训，并颁发技术培训合格证明。②燃气燃烧器具安装者应依据产品安装说明书的要求检查产品安装件质量的情况，并依据产品安装说明书的规定安装，安装后必须进行检查、调试，检查燃气燃烧器具安装和排烟是否符合国家标准的要求。③燃气燃烧器具安装者在产品安装、检查、调试后，如顾客满意应填写安装记录单，并由燃气燃烧器具安装者和顾客签字。④燃气燃烧器具安装者有责任对用户进行安全宣传，使消费者了解燃气燃烧器具安装后使

用时排烟、接地等可预期风险和可以预期的误使用风险。

二、燃气燃烧器具维修者服务的基本要求

①从事燃气燃烧器具维修的公司或企业，必须由生产者对从事燃气燃烧器具的维修公司或企业的从业人员，进行燃气燃烧器具维修的技术培训，并颁发技术培训合格证明。②维修者在维修中所使用的元器件、零配件等维修备件应符合相应产品标准的要求，并记录维修中使用的元器件和零配件的名称、数量和价格。③维修者有责任对用户进行安全宣传，使消费者了解燃气燃烧器具修理后使用时的可预期风险和可以预期的误使用风险。④产品维修完毕，如顾客满意，应填写维修单，并由维修人员和顾客签字。维修单注明维修的故障内容，维修的项目、内容或更换零配件名称、数量、价格。《城镇燃气管理条例》第 32 条规定，燃气燃烧器具生产单位、销售单位应当设立或者委托设立售后服务站点，配备经考核合格的燃气燃烧器具安装、维修人员，负责售后的安装、维修服务。燃气燃烧器具的安装、维修，应当符合国家有关标准。

第五章　燃气安全管理与应急处置

本章主要规定了燃气安全管理与应急处置方面的内容，共10条，要求燃气经营者对燃气用户用气情况进行检查和指导，加强对燃气设施、燃气保护装置的日常巡查；并对燃气设施的保护范围进行规定。为了保护燃气设施，本章对燃气设施保护范围的禁止性行为以及建设工程施工前和施工过程中应当遵守的规则进行了规定，要求燃气主管部门、市场监管部门建立监管平台，以加强对瓶装燃气的安全监管。为了更好地应对燃气事故，要求燃气主管部门和经营者必须制定燃气事故应急预案。

第二十五条【管理责任】

燃气经营者应当履行对燃气用户安全检查和服务的义务，对用户燃气设施和安全用气情况每年至少检查一次，并做好记录。

燃气经营者工作人员检查时，应当主动出示工作证。检查发现燃气使用存在安全隐患的，应当督促并帮助指导用户进行整改；存在下列安全隐患、威胁公共安全且不能及时整改到位的，应当采取暂时停止供气的措施，并书面告知燃气用户：

（一）燃气设施漏气或者存在漏气隐患的；

（二）燃气管道末端未有效封堵的；

（三）使用国家明令淘汰的直排式燃气热水器、燃气热水器未装烟道或者烟道未出户的；

（四）燃气用户无正当理由拒绝燃气经营者入户检查达两次以上的；

（五）其他存在安全隐患、威胁公共安全且不能及时整改到位情形的。

采取暂时停止供气措施时不得影响其他用户正常用气。隐患整改到位后，应当立即恢复供气。

【条文释义】

本条是燃气经营者建立燃气设施定期巡查管理制度、燃气经营者与燃气用户权利义务、关于安全隐患处置以及停气和恢复供气的规定。

燃气经营者的安全检查和服务通过合格的安全检查和入户安全宣传，避免因燃气用户缺乏安全用气知识而造成燃气事故，实现以人为本的安检宗旨。燃气的用户迅速发展、增加，如何保证安全稳定供气是摆在燃气经营者面前的头等大事，也是一切工作的重中之重。实施燃气居民用户安全检查，保证用户的生命财产安全，使安全工作由被动救灾型向主动防控型转变对于燃气经营者来说是至关重要的。此外，燃气经营者作为向燃气提供燃气服务的企业，有责任、有义务对燃气用户履行安全检查和服务的义务。《城镇燃气管理条例》第41条第2款规定，燃气管理部门以及其他有关部门和单位应当根据各自职责，对燃气经营、燃气使用的安全状况等进行监督检查，发现燃气安全事故隐患的，应当通知燃气经营者、燃气用户及时采取措施消除隐患；不及时消除隐患可能严重威胁公共安全的，燃气管理部门以及其他有关部门和单位应当依法采取措施，及时组织消除隐患，有关单位和个人应当予以配合。《江西省燃气管理办法》第 36 条第 3 款规定，燃气经营企业应当配备专职人员对燃气设施进行巡回检查，及时发现和消除事故隐患，保证安全供气。

燃气安全检查的内容包括户内管检查、连接燃具软管检查、燃气表检查、燃气灶检查、燃气热水器检查、燃气采暖炉检查和用气及燃气设施房间的通风检查，并开展燃气用户安全宣传。此外，燃气经营者在对燃气用户进行安全检查后，要将每一个安全检查周期内的燃气用户安全检查信息予以保存以备查询，也便于后期对燃气安全情况进行总结和分析。

燃气安全涉及公共安全，燃气用户应当配合燃气经营者的工作人员进行安全检查。当存在安全隐患、威胁公共安全且不能及时整改到位的情况时，如燃气设施漏气或者存在漏气隐患的，燃气管道末端未有效封堵的，使用国家明令淘汰的直排式燃气热水器、燃气热水器未装烟道或者烟道未出户的，燃气用户无正当理由拒绝燃气经营者入户检查达两次以上的，应当立即采取暂停供气的措施，并书面告知燃气用户。但是，燃气是燃气用户生产生活的必需品，对不符合安全检查要求的燃气用户停止供气时，应当全面考虑其他符合安全检查要求用户的用气需求，不得影响其他符合安全检查要求用户的正常用气。

第二十六条【警示标志】

燃气经营者应当按照国家有关工程建设标准和安全生产管理的规定，设置燃气设施防腐、绝缘、防雷、降压、隔离、燃气泄漏报警系统等保护装置和安全警示标志，定期进行巡查、检测、维修和维护,确保燃气设施的安全运行。

任何单位和个人不得毁损、覆盖、移动、涂改和擅自拆除安全警示标志。

【条文释义】

本条是关于燃气经营者应当设定特定保护装置和安全警示标志的规定。

在存在危险因素的地方,设置安全警示标志,是对从业人员知情权的保障,有利于提高从业人员的安全生产意识,防止和减少生产安全事故的发生。在实践中,对于生产经营场所或者有关设备、设施存在的较大危险因素,若从业人员或者其他有关人员不够清楚,或者忽视,最终将造成严重的后果。由于燃气是一种易燃、易爆气体,燃气的配送过程、输配环境安全非常重要,因此,燃气经营者必须在埋地燃气设施处设置标准化、规范化,并且醒目、清晰的安全警示标识,向社会公众明示地下燃气管线所在的位置,尽可能地预防和减少管道受损事故的发生。因此,本条规定,燃气经营者应当按照国家有关工程建设标准和安全生产管理的规定,设置燃气设施防腐、绝缘、防雷、降压、隔离、燃气泄漏报警系统等保护装置和安全警示标志,定期进行巡查、检测、维修和维护,确保燃气设施的安全运行。《城镇燃气管理条例》第35条规定,燃气经营者应当按照国家有关工程建设标准和安全生产管理的规定,设置燃气设施防腐、绝缘、防雷、降压、隔离等保护装置和安全警示标志,定期进行巡查、检测、维修和维护,确保燃气设施的安全运行。《江西省燃气管理办法》第37条规定,燃气经营企业储罐区、气化站、供应站、加气站应当设置醒目的禁火标识,并按规定配备必要的消防设施和消防人员。管道燃气经营企业应当在管道燃气设施所在地的建筑物及重要设施上设置明显的警示标识。

同时，安全警示标志应当设置在作业场所或者有关设施、设备的醒目位置，一目了然，让每一个在该场所从事生产经营活动的从业人员或者该设施、设备的使用者，都能够清楚地看到，不能设置在从业人员很难找到的地方。而且警示标识不能模糊不清，必须易于辨识，这样才能真正起到警示作业的作用。安全警示标志，一般由安全色、几何图形和图形符号构成，其目的是引起人们对危险因素的注意，预防生产安全事故的发生。燃气安全警示标识的种类包括：一是标志桩，表示埋地管道属性及走向的设施；二是转角桩，表示埋地管道转角位置及走向的设施；三是警示牌，设置在易发生或已经多次发生危机管道安全行为的区域；四是管道路面标识，设置在路面用于表明地下管道位置的标识；五是穿跨越管道标识，在埋地燃气管道与公路、铁路、河流、地下构筑物的交叉点两侧需设置警示标识。此外，任何单位和个人不得毁损、覆盖、移动、涂改和擅自拆除安全警示标志，否则需要承担相应的法律责任。《城镇燃气管理条例》第 36 条规定，任何单位和个人不得侵占、毁损、擅自拆除或者移动燃气设施，不得毁损、覆盖、涂改、擅自拆除或者移动燃气设施安全警示标志。任何单位和个人发现有可能危及燃气设施和安全警示标志的行为，有权予以劝阻、制止；经劝阻、制止无效的，应当立即告知燃气经营者或者向燃气管理部门、安全生产监督管理部门和公安机关报告。

第二十七条【保护范围】

市、县（市、区）人民政府燃气主管部门应当会同自然资源等有关部门按照国家有关标准和规定划定燃气设施保护范围，并向社会公布：

（一）低压管道的管壁外缘两侧不小于 0.5 米范围内的区域；

（二）中压管道的管壁外缘两侧不小于一米范围内的区域；

（三）次高压管道的管壁外缘两侧不小于二米范围内的区域；

（四）高压管道的管壁外缘两侧不小于五米范围内的区域；

（五）总储量二百立方米以下的燃气储配站周边不少于五十米内的区域；

（六）总储量二百立方米以上的燃气储配站周边不少于七十米内的区域；

（七）阀门井（室）、调压装置、计量装置、阴极保护装置等管道附属设施外壁不少于一米范围内的区域。

【条文释义】

本条是关于燃气管道设施和其他燃气设施的保护范围的规定。

近年来，随着我国城镇化建设的快速发展，各种基础设施的施工建设活动对管道造成交叉影响及占压问题的事件频发。这些施工建设活动给燃气设施的安全运行和管理带来了极大的安全隐患，一旦发生事故后果将难以想象。世界燃气行业燃气事故多年的统计结果和我国运行实践证实，第三方活动行为对燃气设施安全的危害所占燃气事故原因的比例超过 30%，是燃气事故的主要原因。在燃气设施周边建设道路桥梁、敷设管道、修建房屋和构筑物、挖掘、取土、钻探、深坑作业、打桩、顶进等已成为燃气设施损坏及事故的主要原因。划定燃气设施保护范围，明确保护范围内禁止的行为活动，并向社会公布，形成全社会参与监督保护的环境，是保护燃气设施安全运行的重要措施。可见，合理划定城市燃气设施的保护范围和控制范围显得尤为重要。

《城镇燃气管理条例》第33条明确规定，县级以上地方人民政府燃气管理部门应当会同城乡规划等有关部门按照国家有关标准和规定划定燃气设施保护范围，并向社会公布。在燃气设施保护范围内，禁止从事下列危及燃气设施安全的活动：①建设占压地下燃气管线的建筑物、构筑物或者其他设施；②进行爆破、取土等作业或者动用明火；③倾倒、排放腐蚀性物质；④放置易燃易爆危险物品或者种植深根植物；⑤其他危及燃气设施安全的活动。第34条规定，在燃气设施保护范围内，有关单位从事敷设管道、打桩、顶进、挖掘、钻探等可能影响燃气设施安全活动的，应当与燃气经营者共同制定燃气设施保护方案，并采取相应的安全保护措施。第53条第1项给出了燃气设施的定义：燃气设施，是指人工煤气生产厂、燃气储配站、门站、气化站、混气站、加气站、灌装站、供应站、调压站、市政燃气管网等的总称，包括市政燃气设施、建筑区划内业主专有部分以外的燃气设施以及户内燃气设施等。即燃气设施为从气源点（人工煤气生产厂、储配站和门站等）通过输配系统到用户使用的所有设施、设备和装置。有关《城镇燃气管理条例》的政策解读对燃气设施保护范围进行了解释，"由于燃气设施多设置在主要交通道路、生产生活区和建筑居住小区之间，为有效保护燃气管道、管道燃气阀门、燃气调压站、燃气储气设施及液化石油气灌装站设立的保护距离称为燃气设施保护范围"。

燃气设施保护的实施技术内容繁杂、安全要求高、涉及相关行业众多，需要相关部门共同实施。燃气管理部门必须会同城乡规划、建设、城市管理、公安消防、技术监督、水利堤防、电力电信等相关部门共同编制燃气设施保护范围和方案，以达到在燃气设施保护过程中的协调一致。因此，本条也规定，市、县（市、区）人民政府燃气主管部门应当会同自然资源等有关部门按照国家有关标准和规定划定燃气设施保护范围。燃气设施保护范围划定要综合以下因素：《建筑法》《消防法》《建设工程安全生产管理条例》等法律法规；当地的总体规划、控制性详规、燃气发展规划和现行的国家、行业相关技术标准规范；当地社会、环境、气候、地形、地貌、生产生活习惯等具体条件；可能危害燃气设施的第三方行为活动的种类和影响程度。城镇燃气设施的保护范围和控制范围与当地的市政设施发展规划、工程建设施工活动、地下管线设施和建（构）筑物的分布现状等有密切关系，不同城市的燃气管道压力级制、管网布置等燃气系统也有所不同。因此，城镇燃气设施保护范围和控制范围的划定必须结合当地的实际情况，在遵守相关法律、法规的基础上，以相关标准规范和研究成果为参考，确保有效保护燃气设施的建设和安全、高效运行，同时也不影响其他基础设施的建设。

合理划定城镇燃气设施的保护范围是国家法律法规的要求，也是保护燃气设施安全运行的重要措施。应充分考虑当地燃气及其他市政规划、建设和施工的实际情况，以相关标准规范和研究成果为参考，并经过各方面专家充分论证后才能得出最贴近城市实际特点的燃气设施保护范围，确保在保障燃气设施安全方面的有效性和可行性。

第二十八条【保护范围的禁止性活动】

在燃气设施保护范围内，禁止从事下列危及燃气设施安全的活动：

（一）建设占压地下燃气管线的建筑物、构筑物或者其他设施；

（二）进行爆破、取土等作业或者动用明火；

（三）倾倒、排放腐蚀性物质；

（四）放置易燃易爆危险物品或者种植深根植物；

（五）其他危及燃气设施安全的活动。

【条文释义】

本条是关于燃气设施保护范围内的禁止性活动的规定。

燃气管道作为城市地下"生命线"，燃气管道设施作为保护城市地下"生命线"的装备，必须规范和保护好燃气设施，确保燃气的安全供应。《城镇燃气管理条例》第 33 条第 2 款规定，在燃气设施保护范围内，禁止从事下列危及燃气设施安全的活动：①建设占压地下燃气管线的建筑物、构筑物或者其他设施；②进行爆破、取土等作业或者动用明火；③倾倒、排放腐蚀性物质；④放置易燃易爆危险物品或者种植深根植物；⑤其他危及燃气设施安全的活动。

一、建设占压地下燃气管线的建筑物、构筑物或者其他设施

首先，建设占压地下燃气管线的建筑物、构筑物或者其他设施的行为本身就违反国家标准和规范。广义的建筑物是指人工建筑而成的所有东西，既包括房屋，又包括构筑物。狭义的建筑物是指房屋，不包括构筑物。房屋是指有基础、墙、顶、门、窗，能够遮风避雨，供人在内居住、工作、学习、娱乐、储藏物品或进行其他活动的空间场所。所谓构筑物就是不具备、不包含或不提供人类居住功能的人工建筑物，比如水塔、水池、过滤池、澄清池、沼气池等。一般具备、包含或提供人类居住功能的人工建筑物被称为"狭义的建筑物"。其次，建设占压地下燃气管线的建筑物、构筑物或者其他设施的行为极易造成燃气管线变形破裂，发生燃气泄漏，且不易查处。易燃易爆的燃气在地下蔓延和聚集，容易酿成其他地下设施或该建筑物、构筑物严重破坏以及人员伤亡的事故。

二、进行爆破、取土等作业或者动用明火

首先，炸山、楼房爆破拆除、施工爆破、基础爆破等作业的能量巨大，其形成的震动使燃气设施的连接松动、设施变形、破损或者直接损害燃气设施，易燃易爆的燃气泄漏后遇到明火，将直接引发灾害性后果。其次，取土、挖掘施工作业、运走燃气设施周边或者上面的填土，会造成燃气设施基础破坏、防腐蚀工程损坏、管道塌陷等后果，机械作业也会毁损燃气设施并引发燃烧爆炸，造成机毁人亡的惨剧和次生灾害。

三、倾倒、排放腐蚀性物质

腐蚀性物质包括液体、气体、固体的腐蚀性物质，这些物质与燃气设施接触，会造成设施的保护层损害，加快或直接腐蚀燃气设施，使得设施损坏、燃气泄漏，形成安全隐患。特别是上述物质渗入地下后，难以检测和发现，造成管道、阀门及连接部位腐蚀穿孔，燃气大量、长时间泄漏，在地下扩散、聚集，在一定空间达到爆炸极限浓度，遇周边的明火或者其他活动形成的足够着火的能量，都会导致燃烧爆炸，酿成巨大的灾害和人民生命财产损失。

四、放置易燃易爆危险物品或者种植深根植物

我国国家技术监督局曾于 1986 年、1990 年先后发布了《危险货物分类和品名编号》（GB 6944-86）和《危险货物品名表》（GB 12268-90），将危险物品分为九个大类，并规定了危险货物的品名

和编号。所谓易燃易爆化学物品，系指以燃烧爆炸为主要特性的压缩气体、液化气体、易燃液体、易燃固体、自燃物品和遇湿易燃物品、氧化剂和有机过氧化物以及毒害品、腐蚀品中部分易燃易爆化学物品。常见的、用途较广的有 1000 多种。《消防法》对易燃易爆化学物品的生产、使用、储存、经营、运输的消防监督管理作了具体规定。易燃易爆化学物品具有较大的火灾危险性，一旦发生灾害事故，往往危害大、影响大、损失大、扑救困难等。易燃易爆危险物品发生燃烧、爆炸等意外事故，产生的冲击波、辐射热能、爆炸震动等会毁损燃气设施，造成次生灾害；燃气本身也是易燃易爆危险物品，燃气泄漏也会成为易燃易爆危险物品灾害的诱因。此外，禁止"种植深根植物"是为了防止植物根系在生长过程中形成的巨大力量造成地下管道位移、变形或断裂、酿成事故。

五、其他危及燃气设施安全的活动

其他危及燃气设施安全的活动是指上述 4 项以外的对燃气设施安全构成威胁、有危害性活动的概括性规定，这些活动可依据国家现行的法律法规、《城镇燃气管理条例》以及本法的有关规定进行认定。

第二十九条【燃气设施安全保护】

在燃气设施保护范围内，有关单位从事敷设管道、打桩、顶进、挖掘、钻探、堆土、基坑降水等可能影响燃气设施安全活动的，应当与燃气经营者共同制定燃气设施保护方案，并采取相应的安全保护措施。

【条文释义】

本条是燃气管道设施的保护范围及其周边从事有可能危及燃气管道设施行为的规定。

随着城市对燃气需求的增加，燃气管道进入快速发展时期。对于腐蚀控制较好的燃气管道，第三方施工破坏成为管道失效的最主要原因。燃气管道分布在城市，人口密集，伴随市政改造、地铁建设、房屋拆迁等城市发展步伐的加快，燃气管道第三方施工破坏给城市安全带来的威胁越来越大。与此同时，楼宇建设、道路（高架路）扩建改建、绿化施工、通信光缆铺设等施工建设项目逐年增多，导致埋地燃气管道安全运行存在的风险越来越多，燃气管道遭遇第三方施工破坏而发生的安全事故逐渐增多。因此，防止燃气管道第三方施工破坏已成为燃气经营企业管理的重点、难点和急需解决的课题。

破坏燃气管道设施的主要风险因素归纳为两种：一是施工种类，包括打桩、穿越、顶管、勘探、绿化维护、光缆铺设等；二是施工点与燃气管道的距离。不同的风险因素导致燃气管道破坏造成燃气事故的严重程度也不尽相同，针对不同的风险因素也要采取不同的防范措施。针对第一种情况，即在燃气设施保护范围内，有关单位从事敷设管道、打桩、顶进、挖掘、钻探、堆土、基坑降水等活动的，应当提前与燃气经营者商量，然后制定燃气设施保护方案，提前了解燃气管道及其燃气管道设施的具体情况，事前做好安全保护工作，保证工作顺利进行。《城镇燃气管理条例》第34条规定，在燃气设施保护范围内，有关单位从事敷设管道、打桩、顶进、挖掘、钻探等可能影响燃气设施安全活动的，应当与燃气经营者共同制定燃气设施保护方案，并采取相应的安全保护措施。

第三十条【禁止行为】

任何单位和个人不得有下列行为：

（一）毁损、盗窃燃气设施；

（二）擅自开启、关闭户外管道燃气阀门；

（三）阻挠燃气经营者的正常燃气工程施工及维修作业；

（四）改变埋有管道燃气设施的路面承重状况；

（五）用燃气管道作为负重支架或者接地引线；

（六）在不具备安全条件的场所使用、储存燃气；

（七）改变燃气用途或者转供燃气；

（八）法律、法规禁止的其他行为。

【条文释义】

本条是所有单位和个人都应当遵守行为的规定。

本条是关于燃气保护方面的禁止性规定，规范对象是所有的单位和个人。禁止性规范通常被称为禁止性规定，是"命令当事人不得为一定行为之法律规定"，属于"禁止当事人采用特定模式的强行性规范"，其中包含"取缔规范"和"效力规范"。在法律规范体系中，禁止性规范尤其在规范秩序的构造中起着基础性的作用，只有建基于禁止性规范划定的合法与非法的边界之上，才谈得上是具有实在指示性内涵的其他类型规范的创设。禁止性法律规范是与任意性法律规范对称的一对范畴，这是按照法律规范指示的当事人的自主程度所做的规范分类。禁止性法律规范，指的是法律规范所规定的权利和义务具有绝对否定形式，不允许当事人之间相互协议或者任何一方任意予以变更的法律规范。与任意性法律规范相比，禁止性法律规范具有自己独特的规范特性：首先，在效力上，禁止性法律规范在适用上具有绝对性、无条件性，法律绝对排除当事人意思自治因素的介入。其次，在内容上，禁止性法律规范同任意性法律规范相比，不同之处还在于它在内容上具有单一的否定内容。最后，在利益体现上，禁止性法律规范一般体现着国家的绝对利益或是社会的绝对需要国家强制力予以保障的重大利益，这些利益通常体现为该国的基本立法价值取向、基本的社会认同感以及法律的基本精神等，它在某种程度上以强制力保障的形式体现着国家和人民的根本利益，具有极强的民族性、地域性以及相对的保守性。

在禁止性规范中常用"不得"一词来表示，汉语中，法律规范对行为模式做出限制的虚词"不得"是禁止性规范的主要模态词。所以，研究禁止性规范的语言表达也就是研究法律文本中的"不得"，通过"不得"在法律文本中的使用方式就可以管窥立法者的语言运用水平，以及法律背后的精神实质。对于同一类法律规范，立法者可以采用多种表达方式，但不同的方式在传达或者突出立法者意图的效果方面却存在较大差异。以禁止性法律规范为例，因为法律规范一般以人的行为为规制对象，所以把发出行为的人作为规范语句的主词并进而逻辑地以"不得为"表达出法律的规范目的，应是最为简洁质朴的表达方式。本条中也是用"不得"一词，制定了规范所有单位和个人的燃气保护行为规范，要求所有的单位和个人严格遵守燃气管理的相关规定，不得有以下行为：毁损、盗窃燃气设施；擅自开启、关闭户外管道燃气阀门；阻挠燃气经营者的正常燃气工程施工及维修作业；改变埋有管道燃气设施的路面承重状况；用燃气管道作为负重支架或者接地引线；在不具备安全条件的场所使用、储存燃气；改变燃气用途或者转供燃气；法律、法规禁止的其他行为。《城镇燃气管理条例》第 28 条规定，燃气用户及相关单位和个人不得有下列行为：①擅自操作公用燃气阀门；②将燃气管道作为负重支架或者接地引线；③安装、使用不符合气源要求的燃气燃烧器具；④擅自安装、改装、拆除户内燃气设施和燃气计量装置；⑤在不具备安全条件的场所使用、储存燃气；⑥盗用燃气；⑦改变燃气用途或者转供燃气。

第三十一条【施工保护】

新建、扩建、改建建设工程，不得影响燃气设施安全。

建设单位在开工前，应当查明建设工程施工范围内地下燃气管线的相关情况；市、县（市、区）人民政府燃气主管部门以及其他有关部门和单位应当及时提供相关资料。

建设工程施工范围内有地下燃气管线等重要燃气设施的，建设单位应当会同施工单位与管道燃气经营者共同制定燃气设施保护方案。建设单位、施工单位应当采取相应的安全保护措施，确保燃气设施运行安全；管道燃气经营者应当派专业人员进行现场指导。法律、法规另有规定的，依照有关法律、法规的规定执行。

【条文释义】

本条是关于建设工程施工不得影响燃气设施安全以及地下燃气管线等重要燃气设施的安全保护措施的规定。

燃气管线及设施损坏是造成燃气安全问题的关键问题。连续发生的因施工不当导致燃气管道损坏，造成燃气泄漏的安全事故，也严重影响了燃气管道的安全运行，给人民群众生命财产安全造成了较大威胁。为此，必须加强对第三方施工的管理和规制。《城镇燃气管理条例》第 37 条规定，新建、扩建、改建建设工程，不得影响燃气设施安全。建设单位在开工前，应当查明建设工程施工范围内地下燃气管线的相关情况；燃气管理部门以及其他有关部门和单位应当及时提供相关资料。建设工程施工范围内有地下燃气管线等重要燃气设施的，建设单位应当会同施工单位与管道燃气经营者共同制定燃气设施保护方案。建设单位、施工单位应当采取相应的安全保护措施，确保燃气设施运行安全；管道燃气经营者应当派专业人员进行现场指导。法律、法规另有规定的，依照有关法律、法规的规定执行。涉及第三方施工损坏燃气管道及其燃气管道设施的问题，建设单位及其施工单位都有责任去履行对应的义务，保障燃气安全，以防发生燃气事故。建设单位及其施工单位的主要义务内容如下：

一、明确燃气管道的设施保护范围

低压管道的管壁外缘两侧不小于 0.5 米范围内的区域；中压管道的管壁外缘两侧不小于 1 米范围内的区域；次高压管道的管壁外缘两侧不小于 2 米范围内的区域；高压管道的管壁外缘两侧不小于 5 米范围内的区域；总储量 200 立方米以下的燃气储配站周边不少于 50 米内的区域；总储量 200 立方米以上的燃气储配站周边不少于 70 米内的区域；阀门井（室）、调压装置、计量装置、阴极保护装置等管道附属设施外壁不少于 1 米范围内的区域。

二、规范第三方施工活动

（一）禁止开展的建设作业活动

在燃气管道安全保护范围内，禁止从事以下危及管道设施安全的建设作业活动：建设占压地下燃气管道的建筑物、构筑物或者其他设施；进行爆破、取土等作业或者动用明火；倾倒、排放腐蚀性物质；放置易燃易爆危险物品；种植根系深达管道埋设部位可能损坏管道本体及防腐层的植物；其他危及燃气管道安全的建设作业活动。

（二）保护性开展的建设作业活动

在燃气管道安全保护范围内从事敷设管道、打桩、顶进、挖掘、钻探等作业活动，或在城镇燃气管道安全控制范围内从事管道安全保护范围内禁止开展的建设作业活动，必须与管道燃气企业共同制定燃气管道安全保护方案并采取安全保护措施。

三、建设单位应加强施工前管理

（1）各县（市）区住建局、开发区建发局要进一步完善本区域内道路开挖施工审批制度，严格审查施工组织措施中是否有燃气管道保护的详细内容。许可核发后，要及时将施工信息告知管道权属单位。

（2）建设单位在施工前应查明施工区域内地下燃气管道的详细情况，组织施工单位和管道燃气企业，制定燃气管道安全保护方案，签订保护协议，明确安全责任。

（3）监理单位应当审查燃气管道安全保护措施，并提出审查意见。

（4）施工单位在施工前要书面通知管道燃气企业；项目经理、现场负责人、施工班组、作业人员应层层交底，交底须有文字记录且双方签字确认，直接作业人员变更的，要重新进行交底；施工前必须开挖必要的探沟，核对燃气管道的确切情况。

（5）管道燃气企业要加强日常巡线检查，按照标准规范的要求在管道沿线设置警示标志。在第三方施工单位施工前，要对施工现场进行燃气专项技术交底，明确管道位置。

四、加强施工过程中管理

（1）施工单位应及时将施工计划告知管道燃气企业，严格按照已经审批的施工组织设计与燃气管道安全保护方案的要求进行施工，严禁在地下管道情况不明时盲目进行施工作业。施工单位变更、施工方案变更时，要通知管道燃气企业再次进行交底。发现管道位置信息有误时，要立即停止施工，通知建设单位和管道燃气企业到场处置。

（2）监理单位要实行全过程旁站式监理，发现存在隐患时，立即要求施工单位停止施工，及时整改，并上报建设单位和质量安全监督管理部门。

（3）建设单位要加强对施工单位的施工管理，发现未进行管道交底或未按照安全保护方案施工的，立即要求施工单位停止施工。

（4）管道燃气企业要加强日常巡线检查，发现施工单位未制定燃气管道安全保护方案、未通知燃气企业擅自施工以及存在其他危害管道安全的行为时，要立即制止，并向有关部门报告。已批准的第三方施工项目，要在现场进行旁站监督指导。

五、强化执法检查

各管道燃气企业要加强对涉及燃气管道安全的第三方施工的巡查力度，建立台账。对未制定燃气管道安全保护方案的施工项目，按照《城镇燃气管理条例》第 52 条的规定进行处罚；在管道保护范围内，进行爆破、取土、动用明火、倾倒、排放腐蚀性物质、放置易燃易爆危险物品、种植深根植物的，按照《城镇燃气管理条例》第 50 条的规定进行处罚；违规施工导致燃气管道损坏的，按照《城镇燃气管理条例》第 51 条的规定进行处罚。同时，将依据相关规定，扣除责任单位相应的信用分。情节严重的，将向司法机关移送违法行为线索，依法追究刑事责任。

第三十二条【信息化监管平台建设】

市、县（市、区）人民政府燃气主管部门、市场监管部门应当建立瓶装燃气信息监管平台，平台建设、运行等费用由同级财政承担。

瓶装燃气经营者应当建立气瓶充装信息追溯系统、视频监控系统，并接入市、县（市、区）人民政府燃气主管部门、市场监管部门建立的瓶装燃气信息监管平台。

【条文释义】

本条是关于建立瓶装燃气信息监管平台，运用信息化技术加强瓶装燃气安全管理的规定。

城镇燃气是现代城镇的重要基础设施，在 21 世纪，城镇燃气得到了快速发展，在改变能源结构及促进城镇发展、提高人民生活水平方面发挥了极其重要的作用。各省市也利用了国家大力发展城镇燃气的机遇，加强对城镇燃气管网的建设工作，在气源供给、管网建设和消费规模等方面取得了很大的进步，使得城镇燃气的发展水平有了显著的提高。由于燃气是生产生活不可或缺的气体燃料，因此燃气企业必须面对着千万家用户的服务需求；又因为燃气是易燃、易爆、有毒的产品，所以燃气行业是一个具有社会公用事业性质且高危的特殊行业。全国各地发生的燃气爆炸燃烧事故依然很多，因此为了保证千万家用户的用户需求及用气安全，促进燃气事业健康发展，信息化建设任重而道远。

一、燃气信息化的含义

信息化是将企业的生产活动、事务管理、市场营销、用户服务等业务过程数字化的具体体现，对企业业务过程的数字化处理生成了可看、可读、可理解的信息资源，提供给企业活动的参与者，为企业发展提供有利于生产要素组合优化的决策，实现合理配置企业资源，使企业能够获得最大的经济效益。

随着社会的发展，科技的进步，计算机技术、信息技术等相关应用技术在各行业中的广泛应用，信息系统在企业经营管理和社会经济生活中所起到的作用越来越重要，信息化的应用趋势也不断影响着燃气行业的发展，以自动化控制系统、管理信息系统为代表的各类信息化设备设施在燃气生产各个环节得到了广泛的应用，有效解决了燃气企业生产、经营和管理过程中发现的问题。

信息化的意义可归纳为三个层面：一是提升工作效率。在燃气管道运营过程中，通过借助各类检测仪器、执行器、显示仪器、调节仪表、控制装置等设备对管道生产管理过程进行自动检测、监视、控制和管理，逐步实现生产过程自动化，既能提高工作效率，又可降低员工劳动强度。二是强化经营管理能力。信息化建设使企业管理手段不断丰富，部门和员工之间沟通更加容易，信息传递更加快捷准确，信息化平台的生产管理、人事管理、财务管理、安全管理等各业务运营管理流程数字化、标准化、透明化，同时利用信息系统对企业管理资源进行合理调配，横向打通业务壁垒，促进业务集成应用一体化，纵向打通公司各层级管理壁垒，促进运营管理协作一体化，形成全业务链网格化管理。企业管理因为信息化而变得更加高效，业务流程因为信息化而变得更加流畅，运营成本因为信息化而不断降低。三是创新理念助推企业升级发展。信息驱动业务升级，数字催生发展改革，随着"互联网+"、大数据、云计算等技术的不断发展，燃气企业已大跨步进入新的发展时期，无论是生产过程的数字化管理，还是线下、线上全渠道的用户体验式市场营销，都离不开信息化这一创新工具的支撑和推动，信息技术使行业之间的隔阂不断消融，也助推着燃气企业向其他行业领域渗透，从单一燃气供应商向综合能源服务商这条道路不断开拓创新。

二、燃气信息化发展历程

燃气信息化发展与我国城市化进程密切相关，20世纪90年代初，以国家主导、行业试点的方式在国内燃气业务发展初具规模的大城市开始推动信息化建设，随着城市燃气市场不断扩大以及先行行业应用信息化效果的不断凸显，燃气企业开始接触并不断尝试将信息技术带入燃气生产管理过程中。当燃气业务发展到一定阶段，管道程度和生产单位数量不断增加，生产规模不断扩大，生产经营难度越来越大，对燃气供配过程中的数据监控、自动管理和分散控制需求越来越高。在燃气生产自动化领域，信息技术应用最早始于仪器仪表的信息管理。伴随电子信息技术发展，电子式仪表、电动仪表以及单/多回路控制器等一批工业自动化仪表与系统开始在工业控制领域应用，逐步实现生产过程信息化管理，从最开始对生产现场检测、控制类仪表的本地集中管理，到借助通信网络逐步实现的远程集中管理与分散控制，各类应运而生的自动化设备和信息系统不断助推燃气生产过程自动化。

生产自动化水平提升的同时，燃气企业从计算机辅助办公开始不断深化信息化建设，对信息管理系统的需求不断增长，使计算机技术在企业经营、管理、生产等部门的应用，形成了一批分立的、单项应用系统，例如数据采集与监控和管道巡检等生产管理类系统、办公自动化、人力资源、财务管理、物料管理、质量管理等综合管理类系统。这些系统的建成，有力地提高了企业的生产效率、经营和管理水平，助推企业快速发展。随着计算机和通信网络等技术的进步，为促进企业各个层面业务的融合和信息资源共享，提高企业竞争力，燃气企业借助计算机集成制造系统（CIMS）的不断发展，以网络为传媒，以集成为核心，以流程重组为主线，实现了企业生产过程与业务流程的有机整合，企业信息化迈入集成应用阶段。近年来，互联网的活力将燃气企业带入万物互联的新阶段，自动化与信息化互相依存实现"两化融合"发展，工业自动化系统向上发展与管理业务系统紧密结合，实现管控一体化应用，各种智能化工业设备为综合业务平台开展深度信息挖掘服务提供了海量真实数据，从决策支持平台、商业智能分析、趋势预警到模拟服务仿真等有效实现了对数据的精准采集、实时处理、储存模式、统计分析、深度挖掘，以及推演预测等，逐步实现对数据的深化应用，有效提升了企业的生产能力与效率，推动了燃气企业转型升级。

随着半导体技术、控制技术、显示技术、网络技术和信息技术等高新技术的发展，城镇燃气信息化建设已进入新的时代，必将一路伴随天然气的开发利用、城市和人民群众对优质生活追求的步伐而不断前行。

三、燃气信息监管平台的建设

随着城市燃气的普及和燃气管道使用年限的增加，城市燃气安全管理问题日益凸显。近年来，因自然或人为因素引起的燃气安全事故屡见不鲜，给国家和社会带来了严重的经济损失。因此，避免此类事故的发生，保护燃气用户生命和财产安全已成为城市燃气公司安全管理工作的重点。随着联网技术突飞猛进的发展以及数字化城市建设的大力推进，越来越多的城市燃气公司开始将"互联网+"的思维植入燃气安全监管领域，采用远程监控设备并借助现代通信网络，将与燃气安全相关的实时数据传送到数据中心，实现燃气生产、输配的实时监控。

瓶装燃气是常见的易燃易爆产品，为了更好地做好瓶装燃气的日常监管，瓶装燃气信息监管平台的建设是重要途径，可以为维护公共安全、防范危害公共安全事件的发生起到很好的作用。同时，燃气信息监管平台是由数据监控、数据报表和数据管理三大部分组成，平台可以查询上岗证、培训合格证；查询显示送气工工号、照片信息；准确掌握储存量、气瓶数量和每一只气瓶的去向等，非常方便政府及其相关部门的管理。政府及其燃气主管部门、市场监管部门作为人民利益的维护者以及燃气事务的管理者，更加有责任和义务去将瓶装燃气信息监管平台建设好。这既为燃气用户及周围群众的生命安全提供了保障，也更有助政府对瓶装燃气的管理。

在瓶装燃气经营者的信息监管平台的义务方面，根据《城镇燃气管理条例》第 41 条第 1 款的规定，燃气经营者应当建立健全燃气安全评估和风险管理体系，发现燃气安全事故隐患的，应当及时采取措施消除隐患。而建立气瓶充装信息追溯系统、视频监控系统是建立健全燃气安全评估和风险管理体系的重要手段，通过瓶装燃气经营者建立信息化监管体系，督促瓶装燃气企业建立钢瓶信息化追溯平台，加快钢瓶识别标签安装及相关充装台秤配套和信息化系统建设，各充装、检验单位严格录入钢瓶制造、登记、检验、充装、使用等基本信息，规范钢瓶充装行为和钢瓶检验工作。充装单位对已投用的自有钢瓶逐个进行使用登记，建立钢瓶管理档案，在钢瓶上安装电子标识，利用电子标识扫码识别技术对钢瓶的各个环节实施动态信息化监管，将钢瓶制造单位、出厂编号、制造年月、下次检验年月等钢瓶档案信息以及充装单位、气瓶总重、末次充装日期、客户名称、用气地址、送达日期等基本信息录入企业的钢瓶电子信息管理专用平台。每当扫码时，就可以显示相关信息，钢瓶的安全与否、是否到期、使用寿命等一目了然，这基本解决了钢瓶监管难题。对于每个钢瓶的充装、销售、配送、检测等各个流程，监管部门可在任何地方通过网络实时查看，在统一平台上实现了信息化动态实时监管，提高了瓶装燃气安全管理的社会透明度，促进了瓶装燃气销售流通环节有效监管。

第三十三条【事故应急预案】

市、县（市、区）人民政府燃气主管部门应当会同有关部门制定燃气安全事故应急预案，并报本级人民政府批准。

燃气经营者应当根据本地燃气安全事故应急预案，制定本单位燃气安全事故应急预案，并报所在地人民政府燃气主管部门备案。燃气经营者应当配备应急人员和必要的应急装备、器材，并定期组织演练。

【条文释义】

本条是关于两类燃气安全事故应急预案的规定。

一、市、县（市、区）人民政府燃气主管部门应当会同有关部门制定燃气安全事故应急预案

燃气经营管理的经营活动具有潜在的危险性，一旦发生生产安全事故，可能造成无可挽回的人员伤亡和财产损失。因此，燃气安全管理工作应当坚持以人为本，坚持"安全第一，预防为主、综合

治理"的方针，努力采取措施，千方百计地避免燃气事故的发生，做到防患于未然。但是，由于各方面的原因，还不可能做到百分之百地避免燃气事故的发生。燃气经营者，要遵章守制，按照规定做好安全管理工作。地方人民政府，一方面要依法履行燃气安全监督管理职责，根据本行政区域内的安全生产状况，组织燃气安全监督管理的部门对本行政区域内容易发生燃气事故的燃气经营者进行严格检查，发现燃气事故隐患，应当及时处理；另一方面也要做好一旦发生燃气安全事故的应急救援准备，以期在事故发生时尽可能减少事故造成的人员伤亡和财产损失。制定并组织实施应急预案、建立应急救援体系是燃气安全管理工作的重要内容。因此，本条明确赋予市、县级人民政府主管部门及有关部门应当组织制定本行政区域内的燃气安全事故应急预案的职责。

应急预案是指对突发事件如自然灾害、重特大事故、环境公害及人为破坏的应急管理、指挥、救援计划等，它一般应当建立在综合防灾规划的基础上。《突发事件应对法》第18条明确规定："应急预案应当根据本法和其他有关法律、法规的规定，针对突发事件的性质、特点和可能造成的社会危害，具体规定突发事件应急管理工作的组织指挥体系与职责和突发事件的预防与预警机制、处置程序、应急保障措施以及事后恢复与重建措施等内容。"燃气安全事故应急救援预案是针对具体设备、设施、场所和环境，在安全评价的基础上，为降低燃气事故造成人身、财产损失与环境危害，就燃气事故发生后的应急救援机构和人员，应急救援的设备、设施、条件和环境，行动的步骤、纲领，控制燃气事故发展的方法、程序等，预先作出的科学而有效的计划和安排。应急救援预案的制定一般分为五个步骤，即组建应急救援预案编制队伍、开展危险与应急能力分析、预案编制、预案评审与发布、预案的实施。

市、县级人民政府应当根据有关法律、法规、规章和标准的规定，结合本地区燃气经营活动的特点、安全管理工作实际情况、危险性分析情况和可能发生的燃气安全事故的特点，组织燃气安全监督管理部门和其他负责相关行业、领域的专项燃气安全监督管理的有关部门制定本行政区域内的燃气安全事故应急预案。应急救援预案对应急组织和人员的职责分工应当明确，并有具体的落实措施；应当明确具体的事故预防措施和应急程序，并与其应急能力相适应；应当有明确、具体的事故预防措施，并能满足本地区应急工作要求。地方各级人民政府编制应急救援预案，应当组织有关应急救援专家对应急预案进行审定，必要时，可以召开听证会，听取社会有关方面的意见。

此外，有关法律法规也对地方人民政府的这一职责作了规定。《城镇燃气管理条例》第39条第1款规定，燃气管理部门应当会同有关部门制定燃气安全事故应急预案，建立燃气事故统计分析制度，定期通报事故处理结果。

二、燃气经营者制定本单位燃气安全事故应急预案

燃气经营者应当根据有关法律、法规和国家其他有关规定，结合本单位的危险源状况、危险性分析情况和可能发生的事故特点，制定相应的应急预案。燃气经营者制定燃气安全事故应急预案应当符合下列基本要求：①符合有关法律、法规、规章、标准和安全技术规范的规定；②结合本单位的燃气经营活动的特点和实际情况；③结合本单位的危险性情况，针对本单位的风险隐患特点；④应急组织和人员的职责分工明确，并有具体的落实措施；⑤有明确、具体的燃气事故预案措施和应急程序，并与其应急能力相适应；⑥有

明确的应急保障措施，并能满足本单位的应急工作要求；⑦预案基本要素齐全、完整，预案附件提供的信息准确；⑧预案内容与相关应急救援预案相互衔接。

燃气经营者的应急救援预案按照针对情况的不同，分为综合应急预案、专项应急预案和现场处置方案。燃气经营者针对风险种类多、可能发生多种事故的类型的情况，应当组织编制本单位的综合应急预案。综合应急预案应当包括本单位的应急组织机构及预案演练等主要内容。对于某一种类的风险，燃气经营者应当根据存在的重大危险源和可能发生的事故类型，制定相应的专项应急预案。专项应急预案应当包括危险性分析、可能发生的事故特征、应急组织机构与职责、预防措施、应急处置程序和应急保障等内容。对于危险性较大的重点岗位，燃气经营者应当制定重点工作岗位的现场处置方案。现场处置方案应当包括危险性分析、可能发生的事故特征、应急处置程序、应急处置要点和注意事项等内容。燃气经营者编制的综合应急预案、专项应急预案和现场处置方案之间应当相互衔接，并与所涉及的其他单位的应急预案相衔接。

有下列情况之一的，应急预案应当及时修订：①燃气经营者因兼并、重组、转制等导致隶属关系、经营方式、法定代表人发生变化；②周围环境发生变化，形成新的重大危险源；③应急组织指挥体系或者职责已经调整；④依据的法律、法规、规章和标准发生变化；⑤应急预案演练评估报告要求修订；⑥应急预案管理部门要求修订。预案修订情况应有记录并归档。

（一）燃气经营者的燃气安全事故应急预案应当与所在的市、
　　　县级人民政府组织制定的燃气安全事故应急预案相衔接
国务院出台的《关于进一步加强企业安全生产工作的通知》和

《关于坚持科学发展安全发展促进安全生产形势持续稳定好转的意见》规定，要完善企业与政府应急预案衔接机制，建立省、市、县三级安全生产预案报备制度。《生产安全事故应急预案管理办法》第18条规定，生产经营单位编制的各类应急预案之间应当相互衔接，并与相关人民政府及其部门、应急救援队伍和涉及的其他单位的应急预案相衔接。

（二）燃气经营者应当定期组织应急演练

因为预案只是为实战提供一个方案，保障生产安全事故发生时能够及时、协调、有序地开展应急救援等应急处置工作，这就需要燃气经营单位通过经常性的演练提高实战能力和水平。按照《生产安全事故应急预案管理办法》第33条、第34条的要求，燃气经营单位应当制定本单位的应急预案演练计划，根据本单位的事故预防重点，每年至少组织一次综合应急预案演练或专项应急演练，每半年至少组织一次现场处置方案演练。应急预案演练结束后，应急预案演练组织单位应当对应急预案演练效果进行评估，撰写应急预案演练评估报告，分析存在的问题，并对应急预案提出修订意见。同时，燃气经营单位应当采取多种形式开展应急预案的宣传教育，普及燃气安全事故预防、避险、自救和互救知识，提高从业人员安全意识和应急处置技能。燃气经营单位应当组织开展本单位的应急预案培训活动，使有关人员了解应急预案内容，熟悉应急职责、应急程序和岗位应急处置方案。《城镇燃气管理条例》第39条第2款规定，燃气经营者应当制定本单位燃气安全事故应急预案，配备应急人员和必要的应急装备、器材，并定期组织演练。

第三十四条【隐患报告和抢险抢修】

任何单位和个人发现燃气安全事故或者燃气安全事故隐患等情

况，应当立即告知燃气经营者，或者向市、县（市、区）人民政府燃气主管部门、应急管理部门和消防救援机构等有关部门和单位报告。

燃气经营者或者有关部门接到报告后，应当立即处理，不得推诿，其他单位和个人应当予以配合。

【条文释义】

本条是关于燃气事故报告的规定。

一、燃气安全事故隐患

燃气安全事故隐患是指燃气经营者或燃气用户违反燃气安全管理法律、法规、规章、标准、规程和燃气安全管理制度的规定，或者因其他因素在燃气经营管理活动中存在可能导致燃气事故发生的物的危险状态、人的不安全行为和管理上的缺陷。事故隐患分为一般事故隐患和重大事故隐患。一般事故隐患，是指危害和整改难度较小，发现后能够立即整改排除的隐患。重大事故隐患，是指危害和整改难度较大，应当全部或者局部停产停业，并经过一定时间整改治理方能排除的隐患，或者因外部因素影响致使燃气经营单位自身难以排除的隐患。常见的燃气安全事故隐患包括以下几方面：占压、圈占燃气管网设施；无经营许可证储存、销售瓶装液化石油气；无危运证车辆进入气场站生产区，非法运输、配送液化气钢瓶；私自接驳燃气管道，涉嫌偷气；在商业（私房菜、农庄、宾馆）等人员密集用气场所使用两种及以上燃料；销售、使用超过检测使用年限的报废液化气钢瓶；在地下室或半地下室使用瓶装液化石油气；燃气企业或用户非法撬换"二维码"，倒灌瓶装液化石油气。

二、所有单位和个人的燃气事故报告义务

《城镇燃气管理条例》第40条规定，任何单位和个人发现燃气安全事故或者燃气安全事故隐患等情况，应当立即告知燃气经营者，或者向燃气管理部门、公安机关消防机构等有关部门和单位报告。《江西省燃气管理办法》第40条规定，管道燃气用户应当严格遵守安全用气规定，发现燃气事故征兆、隐患，应当及时向燃气经营企业报告；燃气经营企业接到报告后，应当立即派员赶赴现场实施抢修，不得延误。燃气安全事关所有人的生命、财产安全，所有的单位和个人都有义务去报告存在的燃气事故及其燃气事故隐患，这是一种对自己以及对他人生命负责任的行为。其报告义务有两点要求：一是发现燃气安全事故或燃气安全事故隐患后，应当立即报告，因为燃气安全事故的特点之一是突发性，如果拖延报告，则使燃气事故发生的可能性加大，发生了燃气事故则更是悔之晚矣。二是接受报告的主体是燃气经营者或有关部门，以便于对燃气事故隐患或者其他不安全因素及时作出处理，避免燃气事故的发生。接到报告的人员须及时进行处理，以防止有关人员延误消除燃气事故隐患的时机。

三、燃气经营者或有关部门的及时处理义务

在法律责任方面，《城镇燃气管理条例》第48条规定，违反本条例规定，燃气经营者或有关部门未采取措施及时消除燃气安全事故隐患的，由燃气管理部门责令限期改正，处1万元以上10万元以下罚款。

第六章 法律责任

本章为关于法律责任的规定，共八条，分别规定了行政机关及其工作人员违法情形及承担的法律责任，设置了燃气经营者、燃气用户、建设单位违反相应义务的行政处罚，并对相对集中处罚和处理原则进行了规定。

第三十五条【燃气经营者罚则一】

违反本条例第十六条第三项、第二十条第二款第四项规定，超出燃气经营者公示的服务项目、收费标准收费的，由市、县（市、区）人民政府市场监督管理部门责令燃气经营者改正，没收违法所得，可以并处一千元以上五千元以下的罚款。

【条文释义】

本条是对经营者超出公示的服务项目、收费标准收费的行政处罚的规定。

一、行为构成

本条规制的违法主体是燃气经营者，该项行政处罚的实施主体是市、县（市、区）人民政府的市场监管部门。本条规定的违法情形只有一种，即超出燃气经营者公示的服务项目、收费标准收费的。根据本条例第16条第3项的规定，燃气经营者应当建立健全燃气用户服务档案、公示业务流程、服务承诺、服务项目、收费标准和服务热线等信息，并按照国家燃气服务标准提供服务。本条例第20条第2款第4项规定，瓶装燃气经营者不得超出燃气经营者公示的瓶装燃气销售价格和服务费标准收取费用。

二、法律责任

第一，责令改正。所谓责令改正或者限期改正违法行为，是指行政主体责令违法行为人停止和纠正违法行为，以恢复原状，维持法定的秩序或者状态，具有事后救济性。本条规定，超出燃气经营者公示的服务项目、收费标准收费的，由市、县（市、区）人民政府市场监督管理部门责令燃气经营者改正。

第二，没收违法所得。没收违法所得，是指行政机关或司法机关依法将违法行为人取得的违法所得财物，运用国家法律法规赋予的强制措施，对其违法所得财物的所有权予以强制性剥夺的处罚方式。行政处罚的种类有：①警告、通报批评；②罚款、没收违法所得、没收非法财物；③暂扣许可证件、降低资质等级、吊销许可证件；④限制开展生产经营活动、责令停产停业、责令关闭、限制从业；⑤行政拘留；⑥法律、行政法规规定的其他行政处罚。没收违法所得是行政处罚的种类之一。违法所得是行为人通过法律禁止的手段获取的具有经济价值的物质实体，行为人通过各种违法犯罪手段获取违法所得的根本原因在于行为人追求这些财物的经济价值。因违法主体、违法行为种类太多，同时违法的动机及其计算方式多样，赋予行政机关对违法所得的计算一定的自由裁量权。计算违法所得时，不能凭主观印象，必须查证属实。违法所得的调查取证应当坚持"全面调查、客观公正"的原则。要全面收集与违法所得相关的一切证据，认真听取当事人的意见和陈述，排除个人情感和外界因素的干扰。对于收集到的各类证据，包括物证、书证、证人证言、视听资料、当事人陈述、鉴定意见、勘验检查和现场记录都必须经过查证核实。

第三，罚款。本条对于超出燃气经营者公示的服务项目、收费标准收费的行为，仅设置了一档罚款，即并处 1000 元以上 5000 元以下的罚款。《价格法》第 42 条规定，经营者违反明码标价规定的，责令改正，没收违法所得，可以并处 5000 元以下的罚款。

第三十六条【燃气经营者罚则二】

违反本条例规定，有下列行为之一的，由市、县（市、区）人民政府燃气主管部门责令燃气经营者限期改正；逾期不改正的，处每瓶一百元罚款：

（一）自有气瓶没有清晰的燃气经营者名称标识或者警示标签的；

（二）充装后的气瓶角阀未密封，或者未粘贴合格标签的。

【条文释义】

本条是对燃气经营者两种违法行为实施行政处罚的具体规定。

一、行为构成

本条行政处罚的实施主体是市、县级人民政府燃气主管部门，违法主体是燃气经营者。违法行为有两种：一是自有气瓶没有清晰的燃气经营者名称标识或者警示标签的；二是充装后的气瓶角阀未密封，或者未粘贴合格标签的。

二、法律责任

本条的法律责任是，责令燃气经营者限期改正；逾期不改正的，处每瓶 100 元罚款。

第三十七条【燃气用户罚则】

违反本条例第二十二条第一款第五项至第十项规定的，由市、县（市、区）人民政府燃气主管部门责令限期改正；逾期不改正的，对个人可以处二百元以上一千元以下罚款，对单位可以处五千元以上五万元以下罚款；造成损失的，依法承担赔偿责任。

【条文释义】

本条是对燃气用户违法使用燃气实施处罚的具体规定。

一、行为构成

本条行政处罚的实施主体是市、县（市、区）人民政府燃气主管部门。责任追究的对象是燃气用户，包括单位用户和个人用户。违法行为包括：将管道燃气设施砌入墙体或者采取其他可能影响管道燃气设施安全的方式遮盖、隐蔽管道燃气设施的；初装管道燃气用户未经燃气经营者验收合格就自行开通点火的；在有管道燃气设施的房间内存放易燃、易爆物品的；加热、摔砸、倒卧、曝晒气瓶的；倾倒燃气残液的；使用明火检查泄漏的。

二、法律责任

本条法律责任，区分了不同的违法主体。对于有上述违法行为的主体，先由市、县（市、区）人民政府燃气主管部门责令限期改正；逾期不改正的，对个人可以处 200 元以上 1000 元以下罚款，对单位可以处 5000 元以上 5 万元以下罚款。这里区分了单位用户和个人用户，并且对于单位和个人的罚款，都是"可以"罚，也

"可以"不罚，可根据个人的财产状况来酌情考量。此外，本条还规定，若单位用户或个人用户造成损失的，依法承担赔偿责任。《城镇燃气管理条例》第49条规定，违反本条例规定，燃气用户及相关单位和个人有下列行为之一的，由燃气管理部门责令限期改正；逾期不改正的，对单位可以处10万元以下罚款，对个人可以处1000元以下罚款；造成损失的，依法承担赔偿责任；构成犯罪的，依法追究刑事责任：①擅自操作公用燃气阀门的；②将燃气管道作为负重支架或者接地引线的；③安装、使用不符合气源要求的燃气燃烧器具的；④擅自安装、改装、拆除户内燃气设施和燃气计量装置的；⑤在不具备安全条件的场所使用、储存燃气的；⑥改变燃气用途或者转供燃气的；⑦未设立售后服务站点或者未配备经考核合格的燃气燃烧器具安装、维修人员的；⑧燃气燃烧器具的安装、维修不符合国家有关标准的。盗用燃气的，依照有关治安管理处罚的法律规定进行处罚。

第三十八条【燃气经营者罚则三】

违反本条例第二十六条第一款规定的，由市、县（市、区）人民政府燃气主管部门责令限期改正，处一万元以上十万元以下罚款。

【条文释义】

本条是关于燃气经营者违反国家有关工程建设标准和安全生产管理的规定未能确保燃气设施的安全运行的行政处罚规定。

本条行政处罚实施主体是市、县（市、区）人民政府燃气主管部门。行政处罚的对象是燃气经营者。违法行为表现为未设置燃气设施防腐、绝缘、防雷、降压、隔离、燃气泄漏报警系统等保护装置和安全警示标志，未能确保燃气设施的安全运行。责任追究的方式为责令限期改正，并处 1 万元以上 10 万元以下罚款。《城镇燃气管理条例》第 46 条规定，违反本条例规定，燃气经营者有下列行为之一的，由燃气管理部门责令限期改正，处 1 万元以上 10 万元以下罚款；有违法所得的，没收违法所得；情节严重的，吊销燃气经营许可证；造成损失的，依法承担赔偿责任；构成犯罪的，依法追究刑事责任：①拒绝向市政燃气管网覆盖范围内符合用气条件的单位或者个人供气的；②倒卖、抵押、出租、出借、转让、涂改燃气经营许可证的；③未履行必要告知义务擅自停止供气、调整供气量，或者未经审批擅自停业或者歇业的；④向未取得燃气经营许可证的单位或者个人提供用于经营的燃气的；⑤在不具备安全条件的场所储存燃气的；⑥要求燃气用户购买其指定的产品或者接受其提供的服务；⑦燃气经营者未向燃气用户持续、稳定、安全供应符合国家质量标准的燃气，或者未对燃气用户的燃气设施定期进行安全检查。

第三十九条【建设单位罚则】

违反本条例第三十一条规定，建设工程施工范围内有地下燃气管线等重要燃气设施，建设单位未会同施工单位与管道燃气经营者共同制定燃气设施保护方案，或者建设单位、施工单位未采取相应的安全保护措施的，由市、县（市、区）人民政府燃气主管部门责令改正，处一万元以上十万元以下罚款；造成损失的，依法承担赔偿责任；构成犯罪的，依法追究刑事责任。

【条文释义】

本条是针对建设工程范围内燃气设施保护的法律责任的规定。

本条行政处罚的实施主体是市、县（市、区）人民政府燃气主管部门，责任追究的对象是相关建设单位。违法行为表现为建设单位未会同施工单位与管道燃气经营者共同制定燃气设施保护方案或者建设单位、施工单位未采取相应的安全保护措施。责任追究的方式有责令建设单位限期改正，并处1万元以上10万元以下罚款；造成损失的，依法承担赔偿责任；构成犯罪的，要依法追究刑事责任。《城镇燃气管理条例》第52条规定，违反本条例规定，建设工程施工范围内有地下燃气管线等重要燃气设施，建设单位未会同施工单位与管道燃气经营者共同制定燃气设施保护方案，或者建设单位、施工单位未采取相应的安全保护措施的，由燃气管理部门责令改正，处1万元以上10万元以下罚款；造成损失的，依法承担赔偿责任；构成犯罪的，依法追究刑事责任。

第四十条【行政机关及其工作人员罚则】

违反本条例规定，市、县（市、区）人民政府及其燃气主管部门和其他有关部门、单位有下列行为之一的，对直接负责的主管人员和其他直接责任人员，依法给予处分；构成犯罪的，依法追究刑事责任：

（一）不依法作出行政许可决定或者办理批准文件的；

（二）发现违法行为或者接到对违法行为的举报不予查处的；

（三）有其他未依照本条例规定履行职责的行为的。

【条文释义】

本条是关于行政机关工作人员违法行为的法律责任的规定。

本条行政处罚的实施主体是行政机关。责任追究的对象是市、县（市、区）人民政府及其燃气主管部门和其他有关部门、单位的直接负责的主管人员和其他直接责任人员。违法行为表现为不依法作出行政许可决定或者办理批准文件的；发现违法行为或者接到对违法行为的举报不予查处的；有其他未依照本条例规定履行职责的行为的。责任追究的方式有对直接负责的主管人员和其他直接责任人员，依法给予处分；构成犯罪的，依法追究刑事责任。《城镇燃气管理条例》第 44 条规定，违反本条例规定，县级以上地方人民政府及其燃气管理部门和其他有关部门，不依法作出行政许可决定或者办理批准文件的，发现违法行为或者接到对违法行为的举报不予查处的，或者有其他未依照本条例规定履行职责的行为的，对直接负责的主管人员和其他直接责任人员，依法给予处分；直接负责的主管人员和其他直接责任人员的行为构成犯罪的，依法追究刑事责任。

第四十一条【集中行使行政处罚权】

本条例涉及的行政处罚事项，已经按照相对集中行政处罚权有关规定移交市、县（市、区）人民政府城市管理部门行使的，由市、县（市、区）人民政府城市管理部门进行处罚。

【条文释义】

本条是关于相对集中行政处罚权的规定。

党的十八届三中全会作出的《关于全面深化改革若干重大问题的决定》和党的十八届四中全会作出的《关于全面推进依法治国若干重大问题的决定》都对深化行政执法体制改革提出了要求，并提出推进跨部门综合执法。从上述决定可以看出，行政执法体制改革作为我国行政体制改革的重要组成部分，发展方向包括两个层面：纵向上理顺不同层级政府的事权和职能，减少执法层次；横向上推进综合执法和跨部门执法，整合、减少执法队伍种类。

目前已经开展综合执法体制改革的领域包括城市管理、文化、农业、交通等，可以分为两种模式，第一种是相对集中行政处罚权制度，其又可以分为两种，一种是城市管理、文化领域的跨部门综合执法；另一种是农业、交通等领域推进的在行业内部进行的处罚权整合。第二种是以各地行政服务中心为依托的相对集中行政许可权制度。90年代开始的城管相对集中行政处罚权改革，是最早推进跨部门综合执法的改革。本条规定是将对于本条例涉及的行政处罚的事项，按照相对集中行政处罚权有关规定移交市、县（市、区）人民政府城市管理部门行使的，由市、县（市、区）人民政府城市管理部门进行处罚，本条的规定属于第一种相对集中行政处罚权制度。

一、相对集中行政处罚权的含义

相对集中行政处罚权的改革源于1996年颁布的《行政处罚法》，该法第16条规定，"国务院或者经国务院授权的省、自治区、直辖市人民政府可以决定一个行政机关行使有关行政机关的行政处罚权"。中央垂直领导机关的处罚权和限制人身自由的处罚权不得被集中行使。从此，相对集中行政处罚权作为一项法律制度而诞生了。1996年4月，国务院发布了《关于贯彻实施〈中华人民共和国行政处罚法〉的通知》，该通知首次明确使用了"相对集中行政处罚权"一词。以上法律规定为相对集中行政处罚权概念的产生奠定了最为坚实的法律基础，使其有法可依。"相对集中行政处罚权"

是指将原本分散的、由不同机关行使的行政处罚权改由某一个机关来行使。具体说来是指将若干行政机关的行政处罚权集中起来，交由一个行政机关统一行使；行政处罚权相对集中后，有关行政机关不再行使已经统一由一个行政机关行使的行政处罚权。因此，"相对集中行政处罚权制度"是指将若干行政机关的行政处罚权集中起来，交由一个行政机关统一行使，有关行政机关不得再行使由一个行政机关统一行使的行政处罚权的一种行政执法制度。

二、相对集中行政处罚权的改革与发展

城市管理领域的相对集中行政处罚权改革的前身是 20 世纪 80 年代末开始的城建监察制度。为了加强城市管理，各级地方政府组建城建管理监察大队，从事城管行政处罚。后经国务院同意，由建设部统一管理全国城管监察队伍。城建监察队伍的工作范围原则上与各地政府对城市建设主管部门及规划、市政、园林、市容环卫等专业行政主管部门规定的职责范围一致。1992 年，建设部颁布的《城建监察规定》对于城建监察的定义、行政主管部门、职能范围、人员资格、执法行为规范进行了统一，城建监察大队执行城市规划、城市市政工程设施、城市公用事业、城市市容环境卫生、城市园林绿化五项行政处罚权，是城市管理领域实施集中行政处罚权的雏形。在地方层面，也有地方政府进行集中执法改革的探索，例如北京曾经探索过公安巡警集中执法模式。

1996 年《行政处罚法》第 16 条规定的"国务院或者经国务院授权的省、自治区、直辖市人民政府可以决定一个行政机关行使有关行政机关的行政处罚权"，打破了传统上条块分割的行业管理格局，城管执法体制改革因此展开。1996 年 11 月，国务院批准北京市宣武区成为全国第一个城市管理领域相对集中行政处罚权的试点

地区。1996 年至 2002 年，全国有 82 个市进行了相对集中行政处罚权的试点。2000 年 9 月 8 日，国务院办公厅下发《关于继续做好相对集中行政处罚权试点工作的通知》（国办发〔2000〕63 号），对加强试点工作与行政管理体制改革相结合等内容作了具体规定，进一步明确了试点工作的方向。2002 年 8 月 22 日，国务院颁布了《关于进一步推进相对集中行政处罚权工作的决定》（国发〔2002〕17 号），明确"国务院授权省、自治区、直辖市人民政府可以决定在本行政区域内有计划、有步骤地开展相对集中行政处罚权工作"。此文件的下发，标志着试点工作的结束，各地进入全面推进阶段。2002 年之后，省、自治区、直辖市人民政府可以决定在本行政区域内开展相对集中行政处罚权工作，不再使用试点字样；以前国务院批准试点的地方，将相对集中行政处罚权正式作为地方政府依法开展的一项常规工作。国务院办公厅于 2002 年 10 月 11 日转发了中央编办《关于清理整顿行政执法队伍实行综合行政执法试点工作意见》，明确要求按照国务院《关于进一步推进相对集中行政处罚权工作的决定》的有关规定，做好综合行政执法试点与相对集中行政处罚权有关工作的相互衔接，确保各项行政执法工作的正常开展。2003 年 2 月 21 日，中央编办和国务院法制办联合下发《关于推进相对集中行政处罚权和综合行政执法试点工作有关问题的通知》（中央编办发〔2003〕4 号），就推进相对集中行政处罚权和综合行政执法试点这两项工作进行区分，就二者之间的衔接协调和贯彻落实进行部署。城市管理领域由行业执法体制发展到跨部门综合执法体制。随着改革的深入，传统的条块分割的行业管理与跨部门综合执法之间的矛盾愈发突出，横向上行政处罚权跨部门集中的原则不清导致城管机关权限无序扩张，居于权力链条末端的处罚权与居于前端的许可权严重脱节。

三、相对集中行政处罚权的积极作用

（一）有利于从制度上防止滥用权力、以权谋私，用制度来规范行政权力的运行

权力失去制度控制容易出现滥用，要规范权力行使，就必须以权力约束权力。在以往的行政体制中，通常是一个行政机关同时拥有对某一领域的行政审批权、行政管理权、行政监督权和行政处罚权，由于是多种行政权力同属一家行政机构，往往缺乏危机感，常使其惰于自我监督，容易滋生腐败。有些行政机关及其领导人大局意识不强，只顾小家不顾大家，考虑问题经常只从本部门利益出发，甚至为了本部门的利益而不惜损害国家和人民的整体利益，加之行政执法人员良莠不齐，在执法活动中经常会出现以罚代管、乱开罚单等滥用职权的行为，例如，重庆扫黑过程中暴露出的行政权力滥用，就与缺乏对行政机关相对集中行政处罚权的约束有关。实施相对集中行政处罚权制度，通过统一执法，使监督权、管理权与处罚权分离，彻底改变了以往那种通常由一个行政机关自己审批、自己管理、自己督查和自己处罚的大包大揽式的做法，把权力与利益彻底脱钩，不仅大大提高了行政机关的效能，还有利于从源头上预防腐败，减少行政执法过程中的腐败行为。

（二）有利于解决行政管理中长期存在的多头执法、职权交叉问题

虽然《行政处罚法》对哪一类行政机关应当享有什么样的行政处罚权都作出了明确的规定，但由于我国的行政系统过于庞大，加之现实中确实存在着同一个违法行为有可能会同时触犯不同的法律法规，假如这些法律法规分属不同的法律部门，那么依据这些法律

而设立的不同领域的执法部门，从理论上都具备对该违法行为行使行政处罚权的权利。在这种情况下，均认为自己拥有执法权的多个执法部门就会出于自身不同的利益立场而相互争夺执法权，如果僵持不下，那就有可能出现多个执法部门同时或先后争相执法的奇观，严重损害国家行政机关本应有的权威形象。例如，走私行为不仅违反了海关相关法律规定，同时还违反了我国的工商管理相关法律规定，当海关部门和工商部门同时发现走私违法行为时，这两个部门有可能出于各自的考虑而争着对该走私行为进行处罚。实施相对集中行政处罚权制度后，行政执法机关的职能转变实现了，它不仅改变了以往那种交叉执法的管理模式，而且通过集中行使处罚权大大提高了行政管理的效能。通过开展相对集中行政处罚权工作，能够把城市管理领域中经常发生的、具有某种通性且只需处以较轻处罚的行政执法权集中起来，统一交给一个专门的执法机关来行使，避免了分散执法和交叉执法，使相关行政机关得以从大量的事务性工作中抽身，大大提高了工作效率。

（三）有利于精简行政机构，降低行政执法成本，提高行政执法效率

实行相对集中行政处罚权制度后，城市管理领域机关臃肿的现象消失了，执法机构大幅减少，拥挤不堪的执法队伍也得到了整顿，执法人员变得少而精，不仅降低了执法成本，还大大提高了执法人员的素质和执法的质量。例如，大连市在开展相对集中行政处罚权试点工作以前，城市管理领域的执法机构数量和人员规模十分庞大，财政支出不堪重负。大连市通过成立专门的城市管理综合执法部门，把相关行政机关的行政处罚权集中起来交由这个独立的城管部门来行使，使得该市城管领域内的行政执法机构大大精简了，执

法人员的规模也迅速缩减，财政负担一下子减轻了不少。令人惊奇的是，执法机构和执法队伍缩小了，执法水平反而大大提高了，而且还大大缓解了该市的财政压力，这就是相对集中行政处罚权的魅力所在。而且，实施相对集中行政处罚权制度后，各相关行政机关不得再行使这部分已经被剥离出来的处罚权，执法变得统一了，对同一违法事实不再出现多个部门交叉执法、重复处罚的现象，大大减少了违法者的负担，提高了政府公信力。同时，实施相对集中行政处罚权制度能够形成执法合力，实现了资源优化调整，执法权的统一避免了以往各部门之间的协调难题，减少了执法环节，提高了执法效率。

第四十二条【转置处理原则】

违反本条例规定的行为，法律、法规已有处罚规定的，适用其规定。

【条文释义】

本条是关于本条例转置处理原则的规定。

在我国，法律位阶是指各种法律规范依据其所体现的国家意志所处的法律地位，其法律地位的高低决定了法律效力等级的高低。所以，法律位阶也被称为法律效力等级。法律位阶高的法律被称为上位法，法律位阶低的法律被称为下位法。法律位阶排列的意义在于：在立法中，上位法可以作为下位法的立法依据；在法律适用中，下位法与上位法规定抵触的，必须适用上位法。我国的法律位阶是宪法、法律、行政法规、地方性法规、经济特区法规、自治条例和单行条例、规章。

第一位阶是宪法。宪法是国家的根本法，因而处于最高的法律位阶，具有最高的法律效力。宪法所处的法律位阶和效力等级是由《宪法》和《立法法》本身直接确认的。《宪法》序言最后一段规定："本宪法以法律的形式确认了中国各族人民奋斗的成果，规定了国家的根本制度和根本任务，是国家的根本法，具有最高的法律效力。"第5条又规定："中华人民共和国实行依法治国，建设社会主义法治国家。国家维护社会主义法制的统一和尊严。一切法律、行政法规和地方性法规都不得同宪法相抵触。一切国家机关和武装力量、各政党和各社会团体、各企业事业组织都必须遵守宪法和法律。一切违反宪法和法律的行为，必须予以追究。任何组织或者个人都不得有超越宪法和法律的特权。"《立法法》第98条规定："宪法具有最高的法律效力，一切法律、行政法规、地方性法规、自治条例和单行条例、规章都不得同宪法相抵触。"

第二位阶是法律。这里的法律当然是基于狭义，特指由全国人民代表大会及其常务委员会制定并以国家主席令发布的规范性文件。它们的法律位阶和效力等级在宪法之下，在行政法规之上。法律的这一地位是由宪法和立法法规定的。《宪法》第5条第3款规定："一切法律、行政法规和地方性法规都不得同宪法相抵触。"这本身就是对法律效力等级的表达，表明"法律"的地位在宪法之下、行政法规之上。另外，《立法法》第98条规定："宪法具有最高的法律效力，一切法律、行政法规、地方性法规、自治条例和单行条例、规章都不得同宪法相抵触。"第99条第1款又规定："法律的效力高于行政法规、地方性法规、规章。"

第三位阶是行政法规。行政法规是由国务院制定并以国务院令发布的规范性文件。它的法律位阶和效力等级处于法律之下，但在地方性法规和规章之上。确定行政法规这一法律地位的法律依据同样是宪法和立法法。《宪法》第 5 条第 3 款同样表明，行政法规处于法律之下和地方性法规、规章之上。《立法法》第 99 条表达得更为清楚，"法律的效力高于行政法规、地方性法规、规章。行政法规的效力高于地方性法规、规章。"

第四位阶是地方性法规、经济特区法规、自治条例和单行条例。地方性法规是指省、自治区、直辖市、设区的市和得到授权的有关市人大及其常委会所制定的规范性文件。它的法律位阶和效力等级依然是由宪法和立法法所确定。《宪法》第 5 条第 3 款同样表明，地方性法规的效力等级处于行政法规之下。我国行政诉讼法、行政许可法和行政处罚法都表明：地方性法规的地位低于法律和行政法规，但高于规章（包括国务院的部门规章）。但是立法法的态度有点变化。《立法法》第 100 条第 1 款规定："地方性法规的效力高于本级和下级地方政府规章。"这是说，地方性法规的效力只是高于地方政府规章，并不高于所有规章。但是，立法法并没有表明地方性法规与国务院部门规章之间具有同等法律效力。所以，我们在法律位阶的排列上，还是要把地方性法规置于规章之上。

经济特区法规，是由经济特区所在地的市人民代表大会及其常务委员会，经全国人大及其常委会的授权决定，所制定的限于在经济特区内实施的地方性法规。经济特区法规是地方性法规的一种特殊形式，所以，可以将它列在地方性法规的同一法律位阶上。

自治条例是指民族自治地方的人民代表大会，即自治区、自治州、自治县的人民代表大会，依照当地民族的政治、经济和文化的特点，经法律程序制定的，用以全面调整本自治地方事务的综合性规范性文件。单行条例是指民族自治地方的人民代表大会，即自治区、自治州、自治县的人民代表大会，依照当地民族的政治、经济和文化的特点，经法律程序制定的，用以全面调整本自治地方某个方面事务的单项规范性文件。由于自治条例和单行条例都由特定的地方人大制定，所以，在法律位阶上应当以地方性法规来对待。

第五位阶是规章。规章，也称政府规章或行政规章，是有关国家行政机关依据法律、法规，在本职权范围内制定的具有普遍约束力的规范性文件。规章可以分为国务院部门规章和地方人民政府规章。规章的法律位阶和效力等级，在我国的法律体系中应当处于最低的位阶，其直接或间接的法律依据有：《立法法》第98至100条；《行政诉讼法》第63条；《行政许可法》第15、16条；《行政处罚法》第二章。

《赣州市燃气管理条例》是由赣州市第五届人民代表大会常务委员会第三十八次会议通过，属于地方性法规。那么依据《立法法》第99条的规定，法律的效力高于行政法规、地方性法规、规章。行政法规的效力高于地方性法规、规章。《赣州市燃气管理条例》作为下位法应当遵守上位法、行政法规、省法规的有关规定。

第七章　附　则

第四十三条【实施时间】

本条例自 2021 年 8 月 1 日起施行。

【条文释义】

本条是关于《赣州市燃气管理条例》具体施行日期的规定。

法律效力包括时间效力、空间效力和对人的效力三方面。法律的时间效力，是指法律效力的起始和终止的时间，以及对施行前的行为和事件有无溯及力的问题。

一、法律的生效与终止

我国《立法法》第 61 条规定："法律应当明确规定施行日期。"法律的实行日期即生效时间，是法律效力的起点。我国的法律一般分为制定、修改和修订。其施行的时间有以下特点：

第一，新制定的法律的生效时间，一般是通过后的一段时间才施行。例如 2013 年 6 月 29 日第十二届全国人大常委会第三次会议通过的《特种设备安全法》，其施行日期是 2014 年 1 月 1 日。

第二，通过修正案修改的法律，《立法法》第 63 条第 2 款规定，法律被修改的，应当公布新的法律文本。因此，法律修改后，一般是对"修改决定"规定一个施行日期，而对修改后重新公布的法律文本仍适用原来的施行日期。例如，2013 年 10 月 25 日，第十二届全国人大常委会第五次会议通过了《关于修改〈中华人民共和国消费者权益保护法〉的决定》，该决定自 2014 年 3 月 15 日起施行，但重新公布的法律文本的施行日期仍是 1994 年 1 月 1 日。

第三，法律经过修订后，一般是修订前的法律的效力在修订后的法律施行之日起终止。例如，2003 年 10 月 28 日第十届全国人大常委会第五次会议通过的《证券投资基金法》，自 2004 年 6 月 1 日起施行。2012 年 12 月 28 日，第十一届全国人大常委会第三十次会议对该法进行了修订，重新公布的《证券投资基金法》自 2013 年 6 月 1 日起施行，即至 2013 年 5 月 31 日 24 时，修订前的《证券投资基金法》废止。

本条例于 2021 年 4 月 29 日赣州市第五届人民代表大会常务委员会第三十八次会议通过，2021 年 6 月 2 日江西省第十三届人民代表大会常务委员会第三十次会议批准。本条规定本条例自 2021 年 8 月 1 日起施行。

二、法律溯及力

法律的溯及力又称法的溯及既往的效力，指新法对其生效前的行为和事件是否适用的问题。《立法法》第 104 条规定，法律、行政法规、地方性法规、自治条例和单行条例、规章不溯及既往，但为了更好地保护公民、法人和其他组织的权利和利益而作的特别规定除外。从法理上讲，实体法一般不溯及既往，除非法律有特别的规定，例如刑法上的"从旧兼从轻"的原则。程序法一般溯及既往，如新的民事诉讼法施行后，对未审结的案件就应当适用新的程序法。

附　录

城镇燃气管理条例

(2010 年 11 月 19 日中华人民共和国国务院令第 583 号公布，根据 2016 年 2 月 6 日国务院《关于修改部分行政法规的决定》修订)

第一章　总　则

第一条　为了加强城镇燃气管理，保障燃气供应，防止和减少燃气安全事故，保障公民生命、财产安全和公共安全，维护燃气经营者和燃气用户的合法权益，促进燃气事业健康发展，制定本条例。

第二条　城镇燃气发展规划与应急保障、燃气经营与服务、燃气使用、燃气设施保护、燃气安全事故预防与处理及相关管理活动，适用本条例。

天然气、液化石油气的生产和进口，城市门站以外的天然气管道输送，燃气作为工业生产原料的使用，沼气、秸秆气的生产和使用，不适用本条例。

本条例所称燃气，是指作为燃料使用并符合一定要求的气体燃料，包括天然气（含煤层气）、液化石油气和人工煤气等。

第三条　燃气工作应当坚持统筹规划、保障安全、确保供应、规范服务、节能高效的原则。

第四条　县级以上人民政府应当加强对燃气工作的领导，并将燃气工作纳入国民经济和社会发展规划。

第五条　国务院建设主管部门负责全国的燃气管理工作。

县级以上地方人民政府燃气管理部门负责本行政区域内的燃气管理工作。

县级以上人民政府其他有关部门依照本条例和其他有关法律、法规的规定，在各自职责范围内负责有关燃气管理工作。

第六条　国家鼓励、支持燃气科学技术研究，推广使用安全、节能、高效、环保的燃气新技术、新工艺和新产品。

第七条　县级以上人民政府有关部门应当建立健全燃气安全监督管理制度，宣传普及燃气法律、法规和安全知识，提高全民的燃气安全意识。

第二章　燃气发展规划与应急保障

第八条　国务院建设主管部门应当会同国务院有关部门，依据国民经济和社会发展规划、土地利用总体规划、城乡规划以及能源规划，结合全国燃气资源总量平衡情况，组织编制全国燃气发展规划并组织实施。

县级以上地方人民政府燃气管理部门应当会同有关部门，依据国民经济和社会发展规划、土地利用总体规划、城乡规划、能源规划以及上一级燃气发展规划，组织编制本行政区域的燃气发展规划，报本级人民政府批准后组织实施，并报上一级人民政府燃气管理部门备案。

第九条 燃气发展规划的内容应当包括：燃气气源、燃气种类、燃气供应方式和规模、燃气设施布局和建设时序、燃气设施建设用地、燃气设施保护范围、燃气供应保障措施和安全保障措施等。

第十条 县级以上地方人民政府应当根据燃气发展规划的要求，加大对燃气设施建设的投入，并鼓励社会资金投资建设燃气设施。

第十一条 进行新区建设、旧区改造，应当按照城乡规划和燃气发展规划配套建设燃气设施或者预留燃气设施建设用地。

对燃气发展规划范围内的燃气设施建设工程，城乡规划主管部门在依法核发选址意见书时，应当就燃气设施建设是否符合燃气发展规划征求燃气管理部门的意见；不需要核发选址意见书的，城乡规划主管部门在依法核发建设用地规划许可证或者乡村建设规划许可证时，应当就燃气设施建设是否符合燃气发展规划征求燃气管理部门的意见。

燃气设施建设工程竣工后，建设单位应当依法组织竣工验收，并自竣工验收合格之日起 15 日内，将竣工验收情况报燃气管理部门备案。

第十二条 县级以上地方人民政府应当建立健全燃气应急储备制度，组织编制燃气应急预案，采取综合措施提高燃气应急保障能力。

燃气应急预案应当明确燃气应急气源和种类、应急供应方式、应急处置程序和应急救援措施等内容。

县级以上地方人民政府燃气管理部门应当会同有关部门对燃气

供求状况实施监测、预测和预警。

第十三条　燃气供应严重短缺、供应中断等突发事件发生后，县级以上地方人民政府应当及时采取动用储备、紧急调度等应急措施，燃气经营者以及其他有关单位和个人应当予以配合，承担相关应急任务。

第三章　燃气经营与服务

第十四条　政府投资建设的燃气设施，应当通过招标投标方式选择燃气经营者。

社会资金投资建设的燃气设施，投资方可以自行经营，也可以另行选择燃气经营者。

第十五条　国家对燃气经营实行许可证制度。从事燃气经营活动的企业，应当具备下列条件：

（一）符合燃气发展规划要求；

（二）有符合国家标准的燃气气源和燃气设施；

（三）有固定的经营场所、完善的安全管理制度和健全的经营方案；

（四）企业的主要负责人、安全生产管理人员以及运行、维护和抢修人员经专业培训并考核合格；

（五）法律、法规规定的其他条件。

符合前款规定条件的，由县级以上地方人民政府燃气管理部门核发燃气经营许可证。

第十六条　禁止个人从事管道燃气经营活动。

个人从事瓶装燃气经营活动的，应当遵守省、自治区、直辖市的有关规定。

第十七条 燃气经营者应当向燃气用户持续、稳定、安全供应符合国家质量标准的燃气，指导燃气用户安全用气、节约用气，并对燃气设施定期进行安全检查。

燃气经营者应当公示业务流程、服务承诺、收费标准和服务热线等信息，并按照国家燃气服务标准提供服务。

第十八条 燃气经营者不得有下列行为：

（一）拒绝向市政燃气管网覆盖范围内符合用气条件的单位或者个人供气；

（二）倒卖、抵押、出租、出借、转让、涂改燃气经营许可证；

（三）未履行必要告知义务擅自停止供气、调整供气量，或者未经审批擅自停业或者歇业；

（四）向未取得燃气经营许可证的单位或者个人提供用于经营的燃气；

（五）在不具备安全条件的场所储存燃气；

（六）要求燃气用户购买其指定的产品或者接受其提供的服务；

（七）擅自为非自有气瓶充装燃气；

（八）销售未经许可的充装单位充装的瓶装燃气或者销售充装单位擅自为非自有气瓶充装的瓶装燃气；

（九）冒用其他企业名称或者标识从事燃气经营、服务活动。

第十九条 管道燃气经营者对其供气范围内的市政燃气设施、建筑区划内业主专有部分以外的燃气设施，承担运行、维护、抢修和更新改造的责任。

管道燃气经营者应当按照供气、用气合同的约定，对单位燃气用户的燃气设施承担相应的管理责任。

第二十条 管道燃气经营者因施工、检修等原因需要临时调整供气量或者暂停供气的，应当将作业时间和影响区域提前 48 小时予以公告或者书面通知燃气用户，并按照有关规定及时恢复正常供气；因突发事件影响供气的，应当采取紧急措施并及时通知燃气用户。

燃气经营者停业、歇业的，应当事先对其供气范围内的燃气用户的正常用气作出妥善安排，并在 90 个工作日前向所在地燃气管理部门报告，经批准方可停业、歇业。

第二十一条　有下列情况之一的，燃气管理部门应当采取措施，保障燃气用户的正常用气：

（一）管道燃气经营者临时调整供气量或者暂停供气未及时恢复正常供气的；

（二）管道燃气经营者因突发事件影响供气未采取紧急措施的；

（三）燃气经营者擅自停业、歇业的；

（四）燃气管理部门依法撤回、撤销、注销、吊销燃气经营许可的。

第二十二条　燃气经营者应当建立健全燃气质量检测制度，确保所供应的燃气质量符合国家标准。

县级以上地方人民政府质量监督、工商行政管理、燃气管理等部门应当按照职责分工，依法加强对燃气质量的监督检查。

第二十三条　燃气销售价格，应当根据购气成本、经营成本和当地经济社会发展水平合理确定并适时调整。县级以上地方人民政府价格主管部门确定和调整管道燃气销售价格，应当征求管道燃气用户、管道燃气经营者和有关方面的意见。

第二十四条　通过道路、水路、铁路运输燃气的，应当遵守法律、行政法规有关危险货物运输安全的规定以及国务院交通运输部门、国务院铁路部门的有关规定；通过道路或者水路运输燃气的，还应当分别依照有关道路运输、水路运输的法律、行政法规的规定，取得危险货物道路运输许可或者危险货物水路运输许可。

第二十五条 燃气经营者应当对其从事瓶装燃气送气服务的人员和车辆加强管理，并承担相应的责任。

从事瓶装燃气充装活动，应当遵守法律、行政法规和国家标准有关气瓶充装的规定。

第二十六条 燃气经营者应当依法经营，诚实守信，接受社会公众的监督。

燃气行业协会应当加强行业自律管理，促进燃气经营者提高服务质量和技术水平。

第四章 燃气使用

第二十七条 燃气用户应当遵守安全用气规则，使用合格的燃气燃烧器具和气瓶，及时更换国家明令淘汰或者使用年限已届满的燃气燃烧器具、连接管等，并按照约定期限支付燃气费用。

单位燃气用户还应当建立健全安全管理制度，加强对操作维护人员燃气安全知识和操作技能的培训。

第二十八条 燃气用户及相关单位和个人不得有下列行为：

（一）擅自操作公用燃气阀门；

（二）将燃气管道作为负重支架或者接地引线；

（三）安装、使用不符合气源要求的燃气燃烧器具；

（四）擅自安装、改装、拆除户内燃气设施和燃气计量装置；

（五）在不具备安全条件的场所使用、储存燃气；

（六）盗用燃气；

（七）改变燃气用途或者转供燃气。

第二十九条　燃气用户有权就燃气收费、服务等事项向燃气经营者进行查询，燃气经营者应当自收到查询申请之日起 5 个工作日内予以答复。

燃气用户有权就燃气收费、服务等事项向县级以上地方人民政府价格主管部门、燃气管理部门以及其他有关部门进行投诉，有关部门应当自收到投诉之日起 15 个工作日内予以处理。

第三十条　安装、改装、拆除户内燃气设施的，应当按照国家有关工程建设标准实施作业。

第三十一条　燃气管理部门应当向社会公布本行政区域内的燃气种类和气质成分等信息。

燃气燃烧器具生产单位应当在燃气燃烧器具上明确标识所适应的燃气种类。

第三十二条　燃气燃烧器具生产单位、销售单位应当设立或者委托设立售后服务站点，配备经考核合格的燃气燃烧器具安装、维修人员，负责售后的安装、维修服务。

燃气燃烧器具的安装、维修，应当符合国家有关标准。

第五章　燃气设施保护

第三十三条　县级以上地方人民政府燃气管理部门应当会同城乡规划等有关部门按照国家有关标准和规定划定燃气设施保护范围，并向社会公布。

在燃气设施保护范围内，禁止从事下列危及燃气设施安全的活动：

（一）建设占压地下燃气管线的建筑物、构筑物或者其他设施；

（二）进行爆破、取土等作业或者动用明火；

（三）倾倒、排放腐蚀性物质；

（四）放置易燃易爆危险物品或者种植深根植物；

（五）其他危及燃气设施安全的活动。

第三十四条 在燃气设施保护范围内，有关单位从事敷设管道、打桩、顶进、挖掘、钻探等可能影响燃气设施安全活动的，应当与燃气经营者共同制定燃气设施保护方案，并采取相应的安全保护措施。

第三十五条 燃气经营者应当按照国家有关工程建设标准和安全生产管理的规定，设置燃气设施防腐、绝缘、防雷、降压、隔离等保护装置和安全警示标志，定期进行巡查、检测、维修和维护，确保燃气设施的安全运行。

第三十六条 任何单位和个人不得侵占、毁损、擅自拆除或者移动燃气设施，不得毁损、覆盖、涂改、擅自拆除或者移动燃气设施安全警示标志。

任何单位和个人发现有可能危及燃气设施和安全警示标志的行为，有权予以劝阻、制止；经劝阻、制止无效的，应当立即告知燃气经营者或者向燃气管理部门、安全生产监督管理部门和公安机关报告。

第三十七条 新建、扩建、改建建设工程，不得影响燃气设施安全。

建设单位在开工前，应当查明建设工程施工范围内地下燃气管线的相关情况；燃气管理部门以及其他有关部门和单位应当及时提供相关资料。

建设工程施工范围内有地下燃气管线等重要燃气设施的，建设单位应当会同施工单位与管道燃气经营者共同制定燃气设施保护方案。建设单位、施工单位应当采取相应的安全保护措施，确保燃气设施运行安全；管道燃气经营者应当派专业人员进行现场指导。法律、法规另有规定的，依照有关法律、法规的规定执行。

第三十八条　燃气经营者改动市政燃气设施，应当制定改动方案，报县级以上地方人民政府燃气管理部门批准。

改动方案应当符合燃气发展规划，明确安全施工要求，有安全防护和保障正常用气的措施。

第六章　燃气安全事故预防与处理

第三十九条　燃气管理部门应当会同有关部门制定燃气安全事故应急预案，建立燃气事故统计分析制度，定期通报事故处理结果。

燃气经营者应当制定本单位燃气安全事故应急预案，配备应急人员和必要的应急装备、器材，并定期组织演练。

第四十条　任何单位和个人发现燃气安全事故或者燃气安全事故隐患等情况，应当立即告知燃气经营者，或者向燃气管理部门、公安机关消防机构等有关部门和单位报告。

第四十一条　燃气经营者应当建立健全燃气安全评估和风险管理体系，发现燃气安全事故隐患的，应当及时采取措施消除隐患。

燃气管理部门以及其他有关部门和单位应当根据各自职责，对燃气经营、燃气使用的安全状况等进行监督检查，发现燃气安全事故隐患的，应当通知燃气经营者、燃气用户及时采取措施消除隐患；不及时消除隐患可能严重威胁公共安全的，燃气管理部门以及其他有关部门和单位应当依法采取措施，及时组织消除隐患，有关单位和个人应当予以配合。

第四十二条 燃气安全事故发生后，燃气经营者应当立即启动本单位燃气安全事故应急预案，组织抢险、抢修。

燃气安全事故发生后，燃气管理部门、安全生产监督管理部门和公安机关消防机构等有关部门和单位，应当根据各自职责，立即采取措施防止事故扩大，根据有关情况启动燃气安全事故应急预案。

第四十三条 燃气安全事故经调查确定为责任事故的，应当查明原因、明确责任，并依法予以追究。

对燃气生产安全事故，依照有关生产安全事故报告和调查处理的法律、行政法规的规定报告和调查处理。

第七章 法律责任

第四十四条 违反本条例规定，县级以上地方人民政府及其燃气管理部门和其他有关部门，不依法作出行政许可决定或者办理批准文件的，发现违法行为或者接到对违法行为的举报不予查处的，或者有其他未依照本条例规定履行职责的行为的，对直接负责的主管人员和其他直接责任人员，依法给予处分；直接负责的主管人员和其他直接责任人员的行为构成犯罪的，依法追究刑事责任。

第四十五条 违反本条例规定，未取得燃气经营许可证从事燃气经营活动的，由燃气管理部门责令停止违法行为，处 5 万元以上 50 万元以下罚款；有违法所得的，没收违法所得；构成犯罪的，依法追究刑事责任。

违反本条例规定，燃气经营者不按照燃气经营许可证的规定从事燃气经营活动的，由燃气管理部门责令限期改正，处 3 万元以上

20 万元以下罚款；有违法所得的，没收违法所得；情节严重的，吊销燃气经营许可证；构成犯罪的，依法追究刑事责任。

第四十六条　违反本条例规定，燃气经营者有下列行为之一的，由燃气管理部门责令限期改正，处 1 万元以上 10 万元以下罚款；有违法所得的，没收违法所得；情节严重的，吊销燃气经营许可证；造成损失的，依法承担赔偿责任；构成犯罪的，依法追究刑事责任：

（一）拒绝向市政燃气管网覆盖范围内符合用气条件的单位或者个人供气的；

（二）倒卖、抵押、出租、出借、转让、涂改燃气经营许可证的；

（三）未履行必要告知义务擅自停止供气、调整供气量，或者未经审批擅自停业或者歇业的；

（四）向未取得燃气经营许可证的单位或者个人提供用于经营的燃气的；

（五）在不具备安全条件的场所储存燃气的；

（六）要求燃气用户购买其指定的产品或者接受其提供的服务；

（七）燃气经营者未向燃气用户持续、稳定、安全供应符合国家质量标准的燃气，或者未对燃气用户的燃气设施定期进行安全检查。

第四十七条　违反本条例规定，擅自为非自有气瓶充装燃气或者销售未经许可的充装单位充装的瓶装燃气的，依照国家有关气瓶安全监察的规定进行处罚。

违反本条例规定，销售充装单位擅自为非自有气瓶充装的瓶装燃气的，由燃气管理部门责令改正，可以处 1 万元以下罚款。

违反本条例规定，冒用其他企业名称或者标识从事燃气经营、服务活动，依照有关反不正当竞争的法律规定进行处罚。

第四十八条 违反本条例规定，燃气经营者未按照国家有关工程建设标准和安全生产管理的规定，设置燃气设施防腐、绝缘、防雷、降压、隔离等保护装置和安全警示标志的，或者未定期进行巡查、检测、维修和维护的，或者未采取措施及时消除燃气安全事故隐患的，由燃气管理部门责令限期改正，处1万元以上10万元以下罚款。

第四十九条 违反本条例规定，燃气用户及相关单位和个人有下列行为之一的，由燃气管理部门责令限期改正；逾期不改正的，对单位可以处10万元以下罚款，对个人可以处1000元以下罚款；造成损失的，依法承担赔偿责任；构成犯罪的，依法追究刑事责任：

（一）擅自操作公用燃气阀门的；

（二）将燃气管道作为负重支架或者接地引线的；

（三）安装、使用不符合气源要求的燃气燃烧器具的；

（四）擅自安装、改装、拆除户内燃气设施和燃气计量装置的；

（五）在不具备安全条件的场所使用、储存燃气的；

（六）改变燃气用途或者转供燃气的；

（七）未设立售后服务站点或者未配备经考核合格的燃气燃烧器具安装、维修人员的；

（八）燃气燃烧器具的安装、维修不符合国家有关标准的。

盗用燃气的，依照有关治安管理处罚的法律规定进行处罚。

第五十条 违反本条例规定，在燃气设施保护范围内从事下列活动之一的，由燃气管理部门责令停止违法行为，限期恢复原状或者采取其他补救措施，对单位处 5 万元以上 10 万元以下罚款，对个人处 5000 元以上 5 万元以下罚款；造成损失的，依法承担赔偿责任；构成犯罪的，依法追究刑事责任：

（一）进行爆破、取土等作业或者动用明火的；

（二）倾倒、排放腐蚀性物质的；

（三）放置易燃易爆物品或者种植深根植物的；

（四）未与燃气经营者共同制定燃气设施保护方案，采取相应的安全保护措施，从事敷设管道、打桩、顶进、挖掘、钻探等可能影响燃气设施安全活动的。

违反本条例规定，在燃气设施保护范围内建设占压地下燃气管线的建筑物、构筑物或者其他设施的，依照有关城乡规划的法律、行政法规的规定进行处罚。

第五十一条　违反本条例规定，侵占、毁损、擅自拆除、移动燃气设施或者擅自改动市政燃气设施的，由燃气管理部门责令限期改正，恢复原状或者采取其他补救措施，对单位处 5 万元以上 10 万元以下罚款，对个人处 5000 元以上 5 万元以下罚款；造成损失的，依法承担赔偿责任；构成犯罪的，依法追究刑事责任。

违反本条例规定，毁损、覆盖、涂改、擅自拆除或者移动燃气设施安全警示标志的，由燃气管理部门责令限期改正，恢复原状，可以处 5000 元以下罚款。

第五十二条　违反本条例规定，建设工程施工范围内有地下燃气管线等重要燃气设施，建设单位未会同施工单位与管道燃气经营者共同制定燃气设施保护方案，或者建设单位、施工单位未采取相应的安全保护措施的，由燃气管理部门责令改正，处 1 万元以上 10 万元以下罚款；造成损失的，依法承担赔偿责任；构成犯罪的，依法追究刑事责任。

第八章 附 则

第五十三条 本条例下列用语的含义：

（一）燃气设施，是指人工煤气生产厂、燃气储配站、门站、气化站、混气站、加气站、灌装站、供应站、调压站、市政燃气管网等的总称，包括市政燃气设施、建筑区划内业主专有部分以外的燃气设施以及户内燃气设施等。

（二）燃气燃烧器具，是指以燃气为燃料的燃烧器具，包括居民家庭和商业用户所使用的燃气灶、热水器、沸水器、采暖器、空调器等器具。

第五十四条 农村的燃气管理参照本条例的规定执行。

第五十五条 本条例自 2011 年 3 月 1 日起施行。

赣州市燃气管理条例

（2021 年 4 月 29 日赣州市第五届人民代表大会常务委员会第三十八次会议通过，2021 年 6 月 2 日江西省第十三届人民代表大会常务委员会第三十次会议批准）

第一章 总 则

第一条 为了加强燃气管理，保障燃气供应，保障公民生命、财产安全和公共安全，维护燃气经营者和燃气用户的合法权益，促进燃气事业健康发展，根据国务院《城镇燃气管理条例》和有关法律、法规的规定，结合本市实际，制定本条例。

第二条 本市行政区域内燃气发展规划与设施建设、燃气经营与服务、燃气使用、燃气安全管理与应急处置以及相关管理活动，适用本条例。

天然气、液化石油气的生产和进口，城市门站以外的天然气管道输送，燃气作为工业生产原料的使用，沼气、秸秆气的生产和使用，不适用本条例。

第三条 本市燃气工作应当遵循统筹规划、保障安全、配套建设、规范服务、确保供应、高效便民、节能环保的原则。

第四条 市、县（市、区）人民政府（含开发区管理委员会，下同）应当加强对燃气工作的领导，将燃气事业的建设和发展纳入本级国民经济和社会发展规划、国土空间规划；建立健全燃气应急储备制度和燃气事故应急处置机制，将燃气管理工作经费列入本级财政预算。

乡（镇）人民政府和街道办事处应当配合相关部门做好辖区内的燃气管理工作。

第五条　市、县（市、区）人民政府住房和城乡建设主管部门是本行政区域内的燃气主管部门，负责组织编制和实施燃气发展规划，建立完善相关管理制度，对燃气经营者有关经营行为进行监督检查。

市、县（市、区）人民政府市场监督管理部门负责对压力容器（含储罐、液化气气瓶）、压力管道等特种设备及相关仪表的安全监察，对燃气质量和计量、燃气价格、燃气燃烧器具及相关附件产品质量等情况进行监督检查。

市、县（市、区）人民政府商务主管部门负责督促餐饮经营者开展燃气使用安全自查，履行安全用气责任，落实安全防范措施。

市、县（市、区）人民政府交通运输主管部门负责道路、水路燃气运输企业及其运输车辆、船舶的监督管理，查处未依法取得危险货物运输许可从事燃气运输等违法行为。

市、县（市、区）人民政府公安机关负责燃气运输车辆的道路交通安全管理，依法查处危害公共安全的非法存储、销售、运输、盗用燃气和破坏燃气设施等违法犯罪行为。

市、县（市、区）人民政府应急管理部门负责对燃气行业安全生产工作实施综合监督管理，依法组织或者指导燃气生产安全事故调查处理，督促各相关单位履行燃气安全管理职责。

市、县（市、区）人民政府消防救援机构负责对燃气经营、使用场所的消防安全情况进行监督检查。

市、县（市、区）人民政府发展改革、自然资源、城市管理、生态环境、行政审批、教育等有关部门和气象等单位应当依法履行各自职责，做好燃气管理的相关工作。

第六条　市、县（市、区）人民政府以及燃气管理相关部门应当定期开展燃气法律、法规宣传教育，普及燃气安全知识，增强社会公众燃气安全和节约使用的意识，提高防范和应对燃气事故的能力。

学校应当将燃气安全教育纳入学生安全常识教育内容。

报刊、广播、电视、网络等新闻媒体应当开展安全用气、节约用气和燃气设施保护等方面的公益宣传。

物业服务企业或者其他管理人应当配合市、县（市、区）人民政府燃气主管部门和燃气经营者进行燃气安全宣传。

燃气经营者应当为用户提供燃气安全使用手册，宣传燃气安全使用、器具保养和事故紧急处置等基本常识。

第二章　燃气发展规划与设施建设

第七条　市、县（市、区）人民政府燃气主管部门应当会同有关部门，根据国民经济和社会发展规划、国土空间规划、能源规划以及上一级燃气发展规划，并与城市控制性详细规划相协调，编制本行政区域的燃气发展规划，经本级人民政府批准后组织实施，并报上一级人民政府燃气主管部门备案。

经批准的燃气发展规划，任何单位和个人不得擅自变更；确需变更的，应当按照原规划编制程序报送审批、备案。

经批准的燃气发展规划应当向社会公布。

第八条 在城乡建设中,应当按照市、县（市、区）国土空间规划和燃气发展规划,配套建设燃气设施或者预留燃气设施建设用地。预留的燃气设施建设用地,未经依法批准不得改变用途。

在燃气发展规划确定的燃气管网覆盖范围内进行新区建设、旧区改造,建设单位应当配套建设管道燃气设施,与房屋和道路等主体工程同时设计、同时施工、同时竣工验收、同时移交建设档案资料。

第九条 对燃气发展规划范围内的燃气设施建设工程,市、县（市、区）人民政府行政审批有关部门在依法核发选址意见书时,应当就燃气设施建设是否符合燃气发展规划征求市、县（市、区）人民政府燃气主管部门的意见;不需要核发选址意见书的,市、县（市、区）人民政府行政审批有关部门在依法核发建设用地规划许可证或者乡村建设规划许可证时,应当就燃气设施建设是否符合燃气发展规划征求市、县（市、区）人民政府燃气主管部门的意见。

在燃气发展规划确定的燃气管网覆盖范围内的住宅小区、保障性住房、工业园区和其他需要使用燃气的建设项目,不得建设小区气化站、瓶组站。

在具备管道燃气供气条件而尚未安装燃气管道的老旧住宅小区,市、县（市、区）人民政府应当逐步推广使用管道燃气。

第十条 市、县（市、区）人民政府应当组织编制燃气应急预案,根据燃气供应的实际情况规划、组织建设应急储气设施,并按照国家有关规定储存燃气。

燃气经营者应当建设应急储气设施,增强储气能力,市、县（市、区）人民政府应当给予支持。

第三章　燃气经营与服务

第十一条　从事燃气经营活动的，应当依法取得燃气经营许可证。燃气经营包括管道燃气经营、瓶装燃气经营和车用燃气经营。

燃气经营许可证有效期为三年，燃气经营者需要延续行政许可的，应当在经营许可期限届满九十日前向作出行政许可决定的行政机关提出申请。行政机关应当在有效期届满三十日前作出是否准予延续的决定。

第十二条　燃气经营者应当与用户签订供气合同，明确双方的权利和义务，不向未签订合同的用户提供燃气。

第十三条　本市行政区域内的市政公用管道燃气实行特许经营制度。

市政公用管道燃气特许经营区域不得重叠。取得市政公用管道燃气特许经营权的经营者应当与市、县（市、区）人民政府签订特许经营协议，协议中应当明确特许经营权退出情形。

第十四条　市、县（市、区）人民政府燃气主管部门应当建立健全燃气经营者诚信档案，记录燃气经营者的违法行为。

第十五条　燃气经营者停业或者歇业的，应当事先对其供气范围内的燃气用户的正常用气作出妥善安排，并在九十个工作日前向所在地人民政府燃气主管部门报告，经批准后，方可停业或者歇业。

所在地人民政府燃气主管部门在收到燃气经营者提交的申请报告后，应当自受理申请之日起二十日内作出决定，不予批准的，应当书面答复，并说明理由。

第十六条　燃气经营者应当遵守下列规定：

（一）向燃气用户持续、稳定、安全供应符合国家质量标准的燃气；

（二）建立健全安全生产规章制度，落实安全生产主体责任，对燃气设施定期进行安全检查、运行维护、抢修和更新改造，确保燃气设施安全、正常、稳定运行；

（三）建立健全燃气用户服务档案，公示业务流程、服务承诺、服务项目、收费标准和服务热线等信息，并按照国家燃气服务标准提供服务；

（四）不得限定燃气用户购买其指定单位生产、销售的燃气燃烧器具和相关产品以及服务；

（五）不得倒卖、抵押、出租、出借、转让、涂改燃气经营许可证；

（六）不得向未取得燃气经营许可证的单位或者个人提供用于经营的燃气；

（七）不得超越燃气经营许可证规定的经营区域从事燃气经营；

（八）不得冒用其他经营者名称或者标识从事燃气经营、服务活动；

（九）法律、法规的其他规定。

第十七条 管道燃气经营者除遵守本条例第十六条规定外，还应当遵守下列规定：

（一）公布管道燃气报装、改装条件，不得拒绝市政燃气管网覆盖范围内符合用气条件的单位和个人的报装、改装申请。

（二）设立、公布二十四小时用户服务电话，并为用户缴纳、查询燃气收费等提供便利。

（三）使用符合国家标准并经检定合格的燃气计量装置。对居民用户使用期限届满的燃气计量装置进行更换；协助非居民用户完成燃气计量装置的定期检定，督促非居民用户更换使用期限届满的燃气计量装置。

（四）建立并及时更新地下燃气管网地理信息系统，管线工程竣工验收合格十五日内向所在地人民政府自然资源、住房和城乡建设、城市管理等相关部门报送燃气管网现状资料。

（五）法律、法规的其他规定。

第十八条　瓶装燃气经营者除遵守本条例第十六条规定外，还应当遵守下列规定：

（一）向燃气用户供应燃气应当使用自有气瓶，自有气瓶应当有清晰的燃气经营者名称标识和警示标签；

（二）存放气瓶的场所应当符合安全要求；

（三）充装前按规定抽取残液，对充装后的气瓶进行角阀密封，并粘贴合格标签；

（四）充装燃气重量不得超出国家规定的允许误差范围；

（五）配备或者委托取得危险货物运输许可并符合安全运输要求的车辆运输装有燃气的气瓶；

（六）为送气服务人员统一配备标有燃气经营者标识的服装；

（七）在充装前应当对气瓶进行检查，不得为报废、非法制造、改装、超过使用期限的气瓶，未按照规定期限检验的气瓶，或者有其他不合格情况的气瓶充装燃气；

（八）不得用槽车等移动式压力容器直接向气瓶充装燃气或者用气瓶相互倒灌燃气；

（九）不得销售未经许可的充装单位充装的瓶装燃气或者销售充装单位擅自为非自有气瓶充装的瓶装燃气；

（十）法律、法规的其他规定。

第十九条 瓶装燃气经营者设立瓶装燃气服务点的，依照有关法律法规和省规定办理。

第二十条 瓶装燃气经营者应当与送气服务人员签订合同，并将已签订合同的送气服务人员基本信息报送所在地人民政府燃气主管部门。送气服务人员合同期限届满不再续签或者解除合同的，瓶装燃气经营者应当及时告知所在地人民政府燃气主管部门。

送气服务人员应当参加岗位培训。送气服务人员在从事送气服务时应当遵守下列规定：

（一）送气时穿着相应的瓶装燃气经营者标识的服装；

（二）不得私自在家中、租赁房屋等未经核准的场地存放非自用且已充装燃气的气瓶；

（三）运送与其签订合同的燃气经营者的瓶装燃气，不得运送没有燃气经营者名称标识、合格标签和警示标签的瓶装燃气；

（四）不得超出燃气经营者公示的瓶装燃气销售价格和服务费标准收取费用；

（五）法律、法规的其他规定。

第二十一条 车用燃气经营者除遵守本条例第十六条规定外，还应当遵守以下规定：

（一）制定安全操作规程，指导用户遵守安全规定；

（二）不得向无压力容器使用证或者与使用证登记信息不一致的汽车储气瓶加气；

（三）不得向机动车储气瓶以外的其他气瓶或者装置加气。

第四章　燃气使用

第二十二条 燃气用户应当遵守下列规定：

（一）配合燃气经营者进行安全检查、抢修、维修、抄表与更换计量装置等业务活动；

（二）使用符合国家标准并与当地燃气种类相适应的燃气燃烧器具，及时更换使用年限已届满的燃气燃烧器具、连接管等；

（三）不得盗用燃气；

（四）不得自行安装、改装、拆除、迁移户内管道燃气设施和燃气计量装置；

（五）不得将管道燃气设施砌入墙体或者采取其他可能影响管道燃气设施安全的方式遮盖、隐蔽管道燃气设施；

（六）初装管道燃气用户未经燃气经营者验收合格不得自行开通点火；

（七）不得在有管道燃气设施的房间内存放易燃、易爆物品；

（八）不得加热、摔砸、倒卧、曝晒气瓶；

（九）不得倾倒燃气残液；

（十）不得使用明火检查泄漏；

（十一）法律、法规的其他规定。

鼓励燃气用户使用金属波纹管等防损、抗老化输气软管连接燃气燃烧器具。

非居民用户应当落实燃气安全管理制度，并设置专门安全管理人员、操作人员负责燃气设施日常安全管理；安全管理人员、操作人员应当接受安全生产教育和培训。

第二十三条　宾馆、餐饮等服务行业用户使用燃气的，除遵守本条例第二十二条的规定之外，还应当遵守下列规定：

（一）定期进行燃气安全检查，做好检查记录，并制定燃气安全应急处置方案；

（二）安装燃气泄漏报警装置，配合燃气经营者定期检查，确保燃气泄漏报警装置有效；

（三）按国家法律、法规和消防技术标准配备消防器材并做好维护；

（四）不得在地下室、人员密集场所的用餐区、市政燃气管网覆盖范围内营业面积三百平方米以上餐饮场所的厨房以及其他不具备安全条件的场所使用瓶装燃气。

第二十四条 燃气燃烧器具安装、维修经营者应当按照国家标准和规范安装并指导用户正确使用燃气燃烧器具，并建立健全用户档案，不得有下列行为：

（一）安装或者使用不符合国家标准的燃气燃烧器具和配件；

（二）擅自移动燃气计量装置和管道燃气设施；

（三）维修使用年限已届满的燃气燃烧器具。

第五章　燃气安全管理与应急处置

第二十五条 燃气经营者应当履行对燃气用户安全检查和服务的义务，对用户燃气设施和安全用气情况每年至少检查一次，并做好记录。

燃气经营者工作人员检查时，应当主动出示工作证。检查发现燃气使用存在安全隐患的，应当督促并帮助指导用户进行整改；存在下列安全隐患、威胁公共安全且不能及时整改到位的，应当采取暂时停止供气的措施，并书面告知燃气用户：

（一）燃气设施漏气或者存在漏气隐患的；

（二）燃气管道末端未有效封堵的；

（三）使用国家明令淘汰的直排式燃气热水器、燃气热水器未装烟道或者烟道未出户的；

（四）燃气用户无正当理由拒绝燃气经营者入户检查达两次以上的；

（五）其他存在安全隐患、威胁公共安全且不能及时整改到位情形的。

采取暂时停止供气措施时不得影响其他用户正常用气。隐患整改到位后，应当立即恢复供气。

第二十六条　燃气经营者应当按照国家有关工程建设标准和安全生产管理的规定，设置燃气设施防腐、绝缘、防雷、降压、隔离、燃气泄漏报警系统等保护装置和安全警示标志，定期进行巡查、检测、维修和维护，确保燃气设施的安全运行。

任何单位和个人不得毁损、覆盖、移动、涂改和擅自拆除安全警示标志。

第二十七条　市、县（市、区）人民政府燃气主管部门应当会同自然资源等有关部门按照国家有关标准和规定划定燃气设施保护范围，并向社会公布：

（一）低压管道的管壁外缘两侧不小于 0.5 米范围内的区域；

（二）中压管道的管壁外缘两侧不小于一米范围内的区域；

（三）次高压管道的管壁外缘两侧不小于二米范围内的区域；

（四）高压管道的管壁外缘两侧不小于五米范围内的区域；

（五）总储量二百立方米以下的燃气储配站周边不少于五十米内的区域；

（六）总储量二百立方米以上的燃气储配站周边不少于七十米内的区域；

（七）阀门井（室）、调压装置、计量装置、阴极保护装置等管道附属设施外壁不少于一米范围内的区域。

第二十八条 在燃气设施保护范围内，禁止从事下列危及燃气设施安全的活动：

（一）建设占压地下燃气管线的建筑物、构筑物或者其他设施；

（二）进行爆破、取土等作业或者动用明火；

（三）倾倒、排放腐蚀性物质；

（四）放置易燃易爆危险物品或者种植深根植物；

（五）其他危及燃气设施安全的活动。

第二十九条 在燃气设施保护范围内，有关单位从事敷设管道、打桩、顶进、挖掘、钻探、堆土、基坑降水等可能影响燃气设施安全活动的，应当与燃气经营者共同制定燃气设施保护方案，并采取相应的安全保护措施。

第三十条 任何单位和个人不得有下列行为：

（一）毁损、盗窃燃气设施；

（二）擅自开启、关闭户外管道燃气阀门；

（三）阻挠燃气经营者的正常燃气工程施工及维修作业；

（四）改变埋有管道燃气设施的路面承重状况；

（五）用燃气管道作为负重支架或者接地引线；

（六）在不具备安全条件的场所使用、储存燃气；

（七）改变燃气用途或者转供燃气；

（八）法律、法规禁止的其他行为。

第三十一条 新建、扩建、改建建设工程，不得影响燃气设施安全。

建设单位在开工前，应当查明建设工程施工范围内地下燃气管线的相关情况；市、县（市、区）人民政府燃气主管部门以及其他有关部门和单位应当及时提供相关资料。

建设工程施工范围内有地下燃气管线等重要燃气设施的，建设单位应当会同施工单位与管道燃气经营者共同制定燃气设施保护方案。建设单位、施工单位应当采取相应的安全保护措施，确保燃气设施运行安全；管道燃气经营者应当派专业人员进行现场指导。法律、法规另有规定的，依照有关法律、法规的规定执行。

第三十二条　市、县（市、区）人民政府燃气主管部门、市场监管部门应当建立瓶装燃气信息监管平台，平台建设、运行等费用由同级财政承担。

瓶装燃气经营者应当建立气瓶充装信息追溯系统、视频监控系统，并接入市、县（市、区）人民政府燃气主管部门、市场监管部门建立的瓶装燃气信息监管平台。

第三十三条　市、县（市、区）人民政府燃气主管部门应当会同有关部门制定燃气安全事故应急预案，并报本级人民政府批准。

燃气经营者应当根据本地燃气安全事故应急预案，制定本单位燃气安全事故应急预案，并报所在地人民政府燃气主管部门备案。燃气经营者应当配备应急人员和必要的应急装备、器材，并定期组织演练。

第三十四条　任何单位和个人发现燃气安全事故或者燃气安全事故隐患等情况，应当立即告知燃气经营者，或者向市、县（市、区）人民政府燃气主管部门、应急管理部门和消防救援机构等有关部门和单位报告。

燃气经营者或者有关部门接到报告后，应当立即处理，不得推诿，其他单位和个人应当予以配合。

第六章 法律责任

第三十五条 违反本条例第十六条第三项、第二十条第二款第四项规定，超出燃气经营者公示的服务项目、收费标准收费的，由市、县（市、区）人民政府市场监督管理部门责令燃气经营者改正，没收违法所得，可以并处一千元以上五千元以下的罚款。

第三十六条 违反本条例规定，有下列行为之一的，由市、县（市、区）人民政府燃气主管部门责令燃气经营者限期改正；逾期不改正的，处每瓶一百元罚款：

（一）自有气瓶没有清晰的燃气经营者名称标识或者警示标签的；

（二）充装后的气瓶角阀未密封，或者未粘贴合格标签的。

第三十七条 违反本条例第二十二条第一款第五项至第十项规定的，由市、县（市、区）人民政府燃气主管部门责令限期改正；逾期不改正的，对个人可以处二百元以上一千元以下罚款，对单位可以处五千元以上五万元以下罚款；造成损失的，依法承担赔偿责任。

第三十八条 违反本条例第二十六条第一款规定的，由市、县（市、区）人民政府燃气主管部门责令限期改正，处一万元以上十万元以下罚款。

第三十九条 违反本条例第三十一条规定，建设工程施工范围内有地下燃气管线等重要燃气设施，建设单位未会同施工单位与管道燃气经营者共同制定燃气设施保护方案，或者建设单位、施工单位未采取相应的安全保护措施的，由市、县（市、区）人民政府燃气主管部门责令改正，处一万元以上十万元以下罚款；造成损失的，依法承担赔偿责任；构成犯罪的，依法追究刑事责任。

第四十条　违反本条例规定，市、县（市、区）人民政府及其燃气主管部门和其他有关部门、单位有下列行为之一的，对直接负责的主管人员和其他直接责任人员，依法给予处分；构成犯罪的，依法追究刑事责任：

（一）不依法作出行政许可决定或者办理批准文件的；

（二）发现违法行为或者接到对违法行为的举报不予查处的；

（三）有其他未依照本条例规定履行职责的行为的。

第四十一条　本条例涉及的行政处罚事项，已经按照相对集中行政处罚权有关规定移交市、县（市、区）人民政府城市管理部门行使的，由市、县（市、区）人民政府城市管理部门进行处罚。

第四十二条　违反本条例规定的行为，法律、法规已有处罚规定的，适用其规定。

第七章　附　则

第四十三条　本条例自 2021 年 8 月 1 日起施行。

南京市燃气管理条例

（1997 年 7 月 30 日江苏省南京市第十一届人民代表大会常务委员会第三十二次会议制定，1997 年 8 月 19 日江苏省第八届人民代表大会常务委员会第三十次会议批准；2013 年 12 月 20 日南京市第十五届人民代表大会常务委员会第七次会议修订，2014 年 1 月 16 日江苏省第十二届人民代表大会常务委员会第八次会议批准）

第一章 总 则

第一条 为了加强燃气管理，保障公民生命财产安全和社会公共安全，维护燃气用户和经营者的合法权益，促进燃气事业的健康发展，根据有关法律、法规，结合本市实际，制定本条例。

第二条 本市行政区域内燃气的规划和建设、经营和使用、器具管理、设施保护、安全管理等活动，适用本条例。

第三条 市、区人民政府应当加强对燃气工作的领导，将燃气事业的建设和发展纳入国民经济和社会发展规划，加大对燃气设施建设的投入，建立工作协调机制、燃气应急储备制度和燃气事故应急处置机制，及时处理燃气管理工作中的重大事项。

第四条 市住房和城乡建设行政管理部门（以下称市燃气管理部门）负责本市燃气管理工作，其所属的燃气管理机构负责日常管理工作。

江宁、浦口、六合、溧水、高淳区按照规定的权限，由其住房和城乡建设行政管理部门（以下称区燃气管理部门），负责本行政区域内的燃气管理工作。

发展和改革、经济和信息化、安全生产监督、国土资源、规划、公安、质量技术监督、城市管理、环境保护、工商、价格、交通运输等相关部门，按照各自职责，做好燃气管理的相关工作。

镇人民政府、街道办事处配合相关部门做好辖区内的燃气安全管理工作。

第五条　市、区人民政府和燃气管理部门应当组织安全和节约使用燃气的宣传，增强社会公众安全和节约使用燃气的意识，提高防范和应对燃气事故的能力。

第六条　燃气行业协会应当加强行业自律管理，促进燃气经营者提高服务质量和技术水平。

第二章　规划建设和供应保障

第七条　市燃气管理部门应当会同发展和改革、规划、国土资源等部门，根据国家产业政策、国民经济和社会经济发展规划、城市总体规划、土地利用总体规划和上一级燃气发展规划，编制燃气发展规划，报市人民政府批准，并报上一级燃气管理部门备案。

燃气发展规划经批准后，涉及空间布局和用地需求的，应当纳入城市控制性详细规划。

燃气发展规划确需修编的，应当按照原审批程序报经审批。

第八条　城市建设应当按照燃气发展规划，配套建设相应的燃气设施或者预留燃气设施配套建设用地。预留的燃气设施配套建设用地不得改变用途。确需改变用途的，应当征求市燃气管理部门意见，并经依法批准。

在燃气发展规划确定的管道燃气覆盖范围内，新建住宅小区、保障性住房等需要使用燃气的建设项目，建设单位应当按照规定配合燃气经营者建设燃气管道设施。管道燃气覆盖范围外的区域应当规划、设置瓶装燃气便民供应站。

配套建设的燃气设施，应当与建设项目主体工程同步规划、同步设计、同步施工、同步验收、同步移交建设档案资料。新建住宅小区、保障性住房配套建设的燃气设施竣工验收时，应当通知燃气管理部门派员参加。

第九条 燃气工程项目应当符合燃气发展规划。

对燃气发展规划范围内的燃气工程项目，规划部门在核发选址意见书时，应当就燃气工程项目是否符合燃气发展规划征求燃气管理部门的意见；不需要核发选址意见书的，规划部门应当在核发建设用地规划许可证时征求燃气管理部门的意见。

第十条 鼓励利用现有加油设施用地或者燃气设施用地建设加气设施。

利用现有加油设施用地或者燃气设施用地建设加气设施，不涉及新建建（构）筑物的，应当符合燃气发展规划，经燃气管理部门审查，并依法办理相关环境影响评价、消防、质量技术监督等审批手续后组织实施。

第十一条 燃气工程项目应当依法进行安全评价，并配备相应的安全设施。

燃气工程项目的初步设计阶段，应当充分考虑建设项目安全评价报告提出的安全对策和措施，项目初步设计文件报燃气管理部门审查批准。

小型燃气工程项目可以直接进行施工图设计。

第十二条　燃气工程项目的施工图设计文件应当按照国家有关规定进行审查；未经审查或者审查不合格的，不得使用。

燃气工程项目施工单位应当按照审查合格的施工图设计文件和施工技术标准施工，确保工程质量和安全，并遵守有关地下管线管理和文明施工的规定。

第十三条　经批准的燃气工程施工安装，任何单位和个人不得阻挠。

经批准的居民住宅区燃气管道工程，相关住户不得以任何理由阻挠管道通过。工程结束后，施工单位应当及时对建筑物的损坏部分进行修复，达到原建筑物的质量要求。

第十四条　燃气工程竣工后，建设单位应当依法申报规划核实，组织竣工验收，并自竣工验收合格之日起十五日内，将竣工验收情况报燃气管理部门和城建档案管理机构备案。

第十五条　市人民政府应当建立健全燃气应急储备制度，组织编制燃气应急预案，确定燃气应急储备的布局、总量、启用要求等，并根据燃气供应的实际情况规划、建设应急气源储备设施。

燃气经营者建设应急气源储备设施的，市、区人民政府应当给予支持。

第三章　燃气经营和服务

第十六条　从事燃气经营活动的，应当依法取得燃气经营许可证后，到工商部门办理登记手续，按照许可的经营范围、期限和规模从事燃气经营活动。

燃气经营者设立燃气气化站、混气站、供应站、燃气车船加气站、天然气压缩母站、释放站、液化天然气站等燃气供应场站的，应当具备下列条件，向燃气管理部门申请燃气经营许可：

（一）符合燃气发展规划要求；

（二）有符合国家标准并经备案的燃气场站设施；

（三）企业分支机构负责人、安全技术管理人员以及运行、维护和操作人员经专业培训并考核合格；

（四）有完善的安全经营管理制度；

（五）法律、法规规定的其他条件。

燃气管理部门应当自受理申请之日起二十个工作日内作出决定。不予许可的，应当书面通知申请人并说明理由。

第十七条 燃气管理部门应当加强对燃气经营者的监管，定期对经营者经营、服务等情况开展评估。

对存在下列问题的管道燃气特许经营者，燃气管理部门报经同级人民政府批准，可以调整特许经营范围或者经营种类：

（一）未按照燃气发展规划配套建设燃气设施，燃气管理部门要求整改而拒不整改的；

（二）无正当理由，在管网覆盖或者能够覆盖区域内拒绝发展用户的；

（三）违反价格法律、法规规定，价格主管部门要求整改而未整改的。

对存在下列问题的管道燃气特许经营者，燃气管理部门报经同级人民政府批准，可以调整特许经营范围、经营种类或者终止特许经营协议：

（一）因管理不善，发生重大生产安全事故的；

（二）未经审批和履行告知义务，擅自停止供气、停业、歇业，影响公共利益和安全以及用户合法权益，造成用户重大损失的。

第十八条　燃气经营者应当遵守下列规定：

（一）建立并落实企业安全管理制度，确保安全投入比例不少于国家规定的标准；

（二）建立并落实用户服务制度，与燃气用户建立供气用气合同关系，明确双方权利义务，并建立健全用户档案；

（三）供应的燃气符合国家气质标准，并向社会公布其组分、热值、压力等指标；

（四）燃气价格和服务项目的收费应当符合价格主管部门的有关规定，并公示其收费标准。

第十九条　管道燃气经营者除遵守本条例第十八条规定外，还应当遵守下列规定：

（一）按照燃气发展规划和用户需求，制定中长期发展计划，每年向燃气管理部门报告发展计划和实施情况；

（二）公布管道燃气报装、改装条件，不得拒绝燃气管网覆盖范围内符合用气条件的单位和个人的报装、改装申请；

（三）不得拒绝向经验收合格的燃气管道设施供气；

（四）设立并公布二十四小时用户服务电话，并为用户缴纳、查询燃气收费和其他服务提供便利；

（五）因气源紧张确需限制用户用气量的，应当将限制供气措施报经燃气管理部门审查，并提前告知用户；

（六）因施工、检修、突发事件等原因确需对用户降压或者暂停供气的，应当依法履行告知义务，并及时向燃气管理部门报告。暂停供气的时间一般不得超过三十六小时。恢复供气前应当通知用户；

（七）在燃气管道和其他重要燃气设施上设置明显的安全警示标志，并定期巡查，发现安全隐患及时处置；

（八）建立燃气管网地理信息系统，每年向燃气管理部门报送燃气管网设施现状图。

第二十条 瓶装燃气经营者除遵守本条例第十八条规定外，还应当遵守下列规定：

（一）建立钢瓶管理台账制度，对自有钢瓶喷涂权属单位标记或者条形码标识，对进出站钢瓶实行登记管理；

（二）不得为不合格、超过检验期限、未抽取真空的初次使用或者重新检验后使用的钢瓶充装燃气，不得改变钢瓶规定的充装介质；

（三）充装重量符合国家标准，实行残液计量和退还制度；

（四）不得违规排放燃气或者倾倒残液。

第二十一条 车用燃气经营者除遵守本条例第十八条规定外，还应当遵守下列规定：

（一）要求驾驶员加气前将车辆熄火，驾驶员和乘客离车到安全区域等候；

（二）加气前检查气瓶状况或者装置情况；

（三）利用移动式压力容器（液化天然气、压缩天然气、液化石油气等可燃介质）进行充装作业的场所，应当依法取得燃气、质量技术监督、消防部门的许可。

有下列情形之一的，车用燃气经营者不得进行加气作业：

（一）车用气瓶或者装置不符合安全条件的；

（二）无车用气瓶使用登记证，或者使用登记信息与车用气瓶、汽车信息不一致的；

（三）车用气瓶超期未检验、检验不合格，或者超过设计使用年限的。

在燃气泄漏、燃气压力异常、附近发生火灾、雷击天气等不安全情况下，车用燃气经营者不得进行加气或者卸气作业。

第四章　燃气使用和器具管理

第二十二条　燃气管道设施应当定期巡查、维护、更新。

非居民用户和燃气计量表设置在住宅内的居民用户，其燃气计量表和表前燃气设施由燃气经营者负责维护、更新；燃气计量表后燃气管道、燃气燃烧器具由用户负责维护、更新。燃气计量表需要启动电源的，用户应当提供。

燃气计量表设置在居民住宅公共部位的，燃气管道进户墙内侧以外的燃气设施由燃气经营者负责维护、更新；燃气管道进户墙内侧的燃气设施和燃气燃烧器具由用户负责维护、更新。

燃气计量表后燃气设施和燃气燃烧器具的安装、维修和检验，应当由用户委托具备相应资质的企业实施。用户要求燃气经营者进行有偿维修服务的，燃气经营者应当进行维修或者提供帮助。

燃气用户和物业服务企业应当配合燃气经营者对燃气设施的安全检查以及抢修、维修、抄表等工作。

第二十三条　燃气用户及相关单位和个人不得有下列行为：

（一）将安装有燃气设施的场所改为卧室、浴室或者其他违反安全用气规定的场所；

（二）在同一室内同时使用含燃气在内的两种以上燃料；

（三）加热、摔砸、倒置、曝晒燃气钢瓶；

（四）私自排放钢瓶内燃气、残液或者利用钢瓶互相倒灌；

（五）擅自改换钢瓶检验标志或者瓶体颜色；

（六）擅自安装、改装、拆除燃气计量表和表前燃气设施。

第二十四条 管道燃气经营者发现用户盗用燃气的，除向公安机关报案外，依照合同约定可以对用户采取停气措施。用户交纳燃气费并赔偿燃气经营者损失后，燃气经营者在确认燃气设施安全的情况下，应当在二十四小时内恢复供气。

第二十五条 在本市销售的燃气燃烧器具、家用燃气泄漏报警器和燃气泄漏安全保护装置及其附属设施，应当符合国家有关标准和规范。

提倡居民用户使用家用燃气泄漏报警器。

第二十六条 燃气燃烧器具、家用燃气泄漏报警器和燃气泄漏安全保护装置及其附属设施生产单位、销售单位，应当依法设立或者委托设立售后服务站点，配备经考核合格的安装维修人员负责售后安装维修服务。

从事燃气燃烧器具安装维修的企业应当依照国家有关规定取得相应的资质证书。

第二十七条 在本市销售燃气燃烧器具、家用燃气泄漏报警器和燃气泄漏安全保护装置及其附属设施的单位，应当持下列资料向燃气管理部门办理售后服务站点备案手续：

（一）企业营业执照和燃气燃烧器具产品生产许可证等证明文件；

（二）有资质的质量检测机构出具的产品检验合格报告；

（三）在本市依法设立或者委托设立的售后服务站点的证明文件。其中销售燃气燃烧器具的，还应当提供售后服务站点的燃气燃烧器具安装维修资质证书。

燃气管理部门应当向社会公布并及时更新备案信息。

第二十八条　燃气燃烧器具安装维修企业应当遵守下列规定：

（一）建立并落实企业安全管理制度、用户服务制度和用户档案；

（二）聘用的燃气燃烧器具安装维修人员应当经培训合格，持证上岗；

（三）定期向燃气管理部门报送安装维修统计报表；

（四）建立燃气燃烧器具安装检验制度，检验合格的出具合格证书；

（五）不得限定用户购买本企业生产的或者其指定的燃气燃烧器具和相关产品；

（六）不得改动燃气计量表和表前设施；

（七）对用户提供的不符合标准的燃气燃烧器具应当拒绝安装，对用户提出的不符合安装规范的要求应当拒绝。

第二十九条　鼓励使用天然气等清洁能源汽车。单位和个人需要使用燃气汽车的，优先购置国家产品公告目录内的油气双燃料车或者燃气汽车。

燃气汽车权属单位以及驾驶员应当加强对车用燃气设施的日常检查，定期在取得相应资质的维修单位进行维护保养和检测；并可以办理车辆燃气部分相关保险。

公安、质量技术监督等部门应当加强对燃气汽车的监管。改装的燃气汽车更新、报废、转让前，应当到质量技术监督部门办理车用气瓶使用登记变更。已改装的燃气汽车退出运营、改变使用性质或者转出本地的，应当拆除其增加的装置，恢复原样。

第五章 安全管理和应急处置

第三十条 燃气管道设施的保护范围为：

（一）低压管道的管壁外缘两侧 0.5 米范围内的区域；

（二）中压管道的管壁外缘两侧一米范围内的区域；

（三）次高压管道的管壁外缘两侧二米范围内的区域；

（四）高压管道的管壁外缘两侧五米范围内的区域。

第三十一条 在燃气设施保护范围内，有关单位从事敷设管道、打桩、顶进、挖掘、钻探、堆土、基坑降水等可能影响燃气设施安全活动的，应当与燃气经营者共同制定燃气设施保护方案，采取相应的安全保护措施。

在燃气设施保护范围外高压燃气管道五十米范围内从事爆破作业的，应当经过燃气管理部门组织的专业论证，经论证符合要求的，方可从事爆破作业。

第三十二条 燃气经营者改动燃气场站和高压燃气管道等市政燃气设施的，应当符合下列条件，报燃气管理部门批准：

（一）改动的燃气设施符合燃气发展规划等相关规定；

（二）有设计和安全施工组织、实施方案；

（三）有安全防护和不影响用户安全正常用气的措施；

（四）法律、法规规定的其他条件。

第三十三条 建设工程施工不得影响燃气设施安全。

建设单位在开工前，应当查明施工区域内地下燃气管道设施情况。燃气经营者以及其他有关部门和单位应当及时提供相关资料。燃气经营者提供的地下燃气管线图纸和资料应当准确。

第三十四条 建设工程施工范围内有地下燃气管线等重要燃气

设施的，建设单位应当会同施工单位与燃气经营者共同制定燃气设施保护方案，采取相应的安全保护措施，确保燃气设施运行安全；燃气经营者应当派专业人员进行现场指导。

未制定燃气设施保护方案、未采取相应保护措施或者燃气经营者无专业人员现场指导进行施工的，监理单位应当责令停工，并向燃气管理部门报告。

第三十五条　燃气管理部门应当会同有关部门制定燃气事故应急预案，明确应急机构的组成、职责、应急行动方案等内容，报同级人民政府批准。

燃气经营者应当制定本单位燃气突发事故应急预案，配备足够的抢险抢修人员和器材装备，并定期组织演练。燃气经营者配备的移动式燃气加注应急车的规模应当报经燃气管理部门核定。

第三十六条　任何单位和个人发现燃气事故或者燃气安全事故隐患等情况，应当立即告知燃气经营者，或者向燃气管理、公安、安全生产监督管理等有关部门报告。

燃气经营者或者有关部门接到事故或者事故隐患报告后，应当立即处理，不得推诿。

任何单位和个人应当配合燃气经营者或者有关部门消除安全隐患。

第三十七条　燃气经营者应当建立健全安全评估和风险管理体系，对本单位的燃气设施定期进行检验。

燃气经营者发现燃气安全事故隐患的，应当及时采取措施消除隐患；发现燃气安全事故重大隐患的，应当及时向燃气管理部门和安全生产监督管理部门报告。

第三十八条　任何单位和个人不得为无证经营燃气行为提供生

产经营场所、运输、保管、仓储等条件。

第三十九条 燃气经营者应当制定年度入户安全检查计划,并报告燃气管理部门。

入户安全检查应当遵守下列规定:

(一)提前告知用户,安全检查人员持证上岗、规范服务;

(二)对非居民用户每年检查不得少于一次,对居民用户每二年检查不得少于一次;

(三)进行安全用气宣传,对用户安全用气给予技术指导;

(四)认真做好安全检查记录,发现用户有违反安全用气规定或者存在安全隐患的,书面告知用户整改,并为用户整改提供帮助;

(五)因用户原因无法进行安全检查的,应当做好记录,并以书面形式告知用户另行约定安全检查时间。

燃气经营者发现用户有违反安全用气规定或者存在安全隐患,书面告知用户整改而用户拒绝整改的,用户应当承担相应责任。

第四十条 发现用户存在下列重大安全隐患、严重威胁公共安全且不能及时整改到位的,燃气经营者应当采取停气措施:

(一)燃气设施漏气的;

(二)燃气管道末端未设有效封堵的;

(三)使用国家明令淘汰的直排式燃气热水器、燃气热水器未装烟道或者烟道未出户的;

(四)在装有燃气管道、设备等设施场所居住的。

燃气经营者采取停气措施,有关单位或者个人不配合或者阻挠的,燃气经营者可以要求公安机关协助,并报告燃气管理部门。公安机关应当予以配合。

用户整改到位后向燃气经营者申请恢复用气的，燃气经营者应当及时确认用户申请并恢复供气。

第六章　监督管理

第四十一条　燃气管理部门履行下列职责：

（一）按照规定编制燃气发展规划并组织实施；

（二）负责燃气工程项目建设相关管理工作；

（三）负责燃气经营许可工作；

（四）会同有关部门制定燃气应急储备制度和燃气安全事故应急预案；

（五）法律、法规规定的其他职责。

第四十二条　安全生产监督管理部门负责燃气安全生产工作的综合监督管理。

公安机关负责燃气经营和使用场所的消防监督检查、燃气汽车登记以及燃气道路运输安全管理，依法查处为非法经营者提供场所、非法改装使用燃气汽车等危害公共安全的行为。

城市管理部门负责燃气管道上违法建设的拆除。

交通运输部门负责通过道路或者水路运输燃气的许可资质以及以燃气为燃料的客、货运输车辆的监督管理。

质量技术监督部门负责燃气特种设备、供气质量和计量、本地生产燃气器具产品质量和车用气瓶的监督管理。

工商部门负责燃气市场经营秩序的监督管理，依法查处无照经营、假冒伪劣等违法经营行为。

经济和信息化部门负责对燃气汽车生产和改装企业的监督管理。

价格主管部门负责燃气行业价格管理。

第四十三条 燃气管理部门应当为燃气经营者、燃气器具安装维修企业、燃气工程建设单位和用户提供下列服务：

（一）公布行政许可条件和程序，简化审批流程；

（二）建立燃气电子信息系统，提供相关信息服务；

（三）提供燃气行业调查和统计情况；

（四）组织燃气行业从业人员进行专业知识培训；

（五）提供燃气专业技术指导和服务。

第四十四条 燃气管理部门对燃气的工程建设、经营、使用、设施保护等活动进行监督检查时，可以依法采取下列措施：

（一）查阅复制有关文件和资料；

（二）询问相关人员，制作笔录；

（三）进入现场检查；

（四）责令排除安全隐患和改正违法行为；

（五）依法采取的其他措施。

有关单位和个人应当配合，不得拒绝、妨碍监督检查人员依法履行职责。

第四十五条 燃气管理部门应当建立举报和投诉制度，公开举报电话、信箱或者电子邮箱，受理有关燃气安全、服务质量的举报和投诉，并及时予以处理。

第七章 法律责任

第四十六条 违反本条例规定，燃气工程项目的初步设计文件未报经审查批准的，由燃气管理部门责令限期改正；逾期不改正的，责令停止建设，处一万元以上五万元以下罚款。

第四十七条　违反本条例规定，阻挠经批准的市政燃气管道工程施工的，由燃气管理部门责令停止违法行为；拒不改正的，对单位可以处一万元以上五万元以下罚款，对个人可以处二百元以上一千元以下罚款。

第四十八条　违反本条例规定，燃气经营者有下列行为之一的，由燃气管理部门责令限期改正，处二万元以上十万元以下罚款；有违法所得的，没收违法所得；造成损失的，依法承担赔偿责任：

（一）管道燃气经营者擅自限制用户用气量、降压或者暂停供气的；

（二）未按照规定建立燃气管网地理信息系统；

（三）未按照规定计量残液和退还残液费用；

（四）违规排放燃气或者倾倒残液的；

（五）因提供图纸、资料不准确，导致施工损坏燃气设施并造成严重后果的。

第四十九条　违反本条例规定，燃气用户及相关单位和个人有下列行为之一的，由燃气管理部门责令限期改正；逾期不改正的，对单位可以处二万元以上十万元以下罚款，对个人可以处二百元以上一千元以下罚款；造成损失的，依法承担赔偿责任：

（一）聘用无资格人员从事燃气燃烧器具安装、维修业务的；

（二）擅自安装、改装、拆除燃气计量表的；

（三）安装用户提供的不符合标准的燃气燃烧器具，或者燃气燃烧器具安装不符合国家规范标准的。

第五十条　违反本条例规定，在燃气设施保护范围内从事堆土、基坑降水等可能影响燃气设施安全活动，未与燃气经营者共同制定燃气设施保护方案，或者未采取相应的安全保护措施的，由燃气管理部门责令停止违法行为，限期恢复原状或者采取其他补救措施，对单位处一万元以上五万元以下罚款，对个人处二千元以上一万元以下罚款；造成损失的，依法承担赔偿责任。

第五十一条　燃气管理部门工作人员违反本条例规定，有下列情形之一的，由其所在单位或者上级主管部门给予行政处分；构成犯罪的，依法追究刑事责任：

（一）不按照规定实施行政许可的；

（二）不按照规定履行监督检查职能的；

（三）发现违法行为或者接到对违法行为的举报不及时查处，或者包庇、纵容违法行为的；

（四）其他玩忽职守、滥用职权、徇私舞弊的行为。

第八章　附　则

第五十二条　本条例下列用语的含义：

（一）燃气设施，是指燃气管网设施和燃气场站设施的总称。

燃气管网设施包括市政燃气管道设施、燃气调压、计量设施以及与燃气管网相连的燃气储配设施等。其中户内燃气设施，指放置于用户室内的燃气计量表、燃气燃烧器具、连接管道、钢瓶、调压器等。

燃气场站设施包括人工煤气生产厂、燃气气化站、混气站、加气站、灌装站、压缩天然气母站、释放站、液化天然气站等。

（二）燃气工程，是指燃气设施的新建、改建、扩建工程，包括工矿企业、事业单位自建的燃气设施等工程。

小型燃气工程，是指储量在一立方米以下的液化石油气供应站、燃气气化站，小区内低压燃气管道安装以及单项工程投资额在五十万元以下的燃气场站改造等工程。

第五十三条　天然气、液化石油气的生产和进口，城市天然气门站以外的天然气管道输送，燃气的槽车（船舶）运输和码头装卸，燃气作为发电、工业生产原料、切割气的使用，沼气、秸秆气的生产和使用，以及在本地无燃气设施的经营者向燃气经营者转售燃气指标的行为，不适用本条例。

第五十四条　本条例自 2014 年 5 月 1 日起施行。2009 年 2 月 6 日南京市人民政府颁布的《南京市燃气管道设施保护管理办法》同时废止。

南昌市燃气管理条例

(2007年6月25日南昌市第十三届人民代表大会常务委员会第五次会议通过，2007年7月27日江西省第十届人民代表大会常务委员会第三十次会议批准；根据2011年12月20日南昌市第十四届人民代表大会常务委员会第三次会议通过，2012年3月29日江西省第十一届人民代表大会常务委员会第三十次会议批准《关于修改9件地方性法规的决定》修正；2016年8月29日南昌市第十四届人民代表大会常务委员会第三十八次会议通过，2016年9月22日江西省第十二届人民代表大会常务委员会第二十八次会议批准)

第一章 总 则

第一条 为了加强燃气管理，保障燃气供应，防止和减少燃气安全事故，保障公民生命、财产安全和公共安全，维护燃气经营者和燃气用户的合法权益，促进燃气事业健康发展，根据国务院《城镇燃气管理条例》和有关法律、法规，结合本市实际，制定本条例。

第二条 本市行政区域内燃气发展规划与建设、经营与服务、燃气使用、燃气设施保护、燃气安全与应急处置以及相关管理活动，适用本条例。

第三条 市、县（区）人民政府应当加强对燃气工作的领导，建立工作协调机制，及时处理燃气管理工作中的重大事项。

第四条　市城市管理部门是本市燃气主管部门，负责全市燃气管理工作，其所属的燃气管理机构负责具体工作。

县、区燃气主管部门按照职责权限负责本行政区域内的燃气管理工作。

发展改革、工业和信息化、安全生产监督、国土资源、城乡规划、公安、市场和质量监督、建设、环境保护、价格、交通运输等有关部门，按照各自职责做好燃气管理的相关工作。

乡镇人民政府、街道办事处配合相关部门做好辖区内的燃气管理工作。

第五条　燃气工作应当遵循安全第一、统一规划、配套建设、保障供应、节约用气、规范服务的原则。

第六条　市、县（区）人民政府及其有关部门应当加强燃气安全和节约用气的宣传，增强市民公共安全和节约用气的意识，提高防范和应对燃气安全事故的能力。

第二章　规划与建设

第七条　市和县（新建区）燃气主管部门应当会同有关部门，根据国民经济和社会发展规划、土地利用总体规划、城乡规划、能源规划以及上一级燃气发展规划，组织编制本行政区域内的燃气发展规划，经本级人民政府批准后实施，并报上一级燃气主管部门备案。

经批准的燃气发展规划，任何单位和个人不得擅自变更；确需变更的，应当按照前款规定的程序报批。

第八条　进行新区建设、旧区改造，应当按照城乡规划和燃气发展规划，配套建设相应的燃气设施或者预留燃气设施建设用地。预留的燃气设施配套建设用地未经批准不得改变用途。

在本市燃气发展规划确定的管道燃气覆盖范围内，新建住宅小区、保障性住房、工业园区和其他需要使用燃气的建设项目，应当配套建设室内外燃气管道设施，不得新建小区气化站、瓶组站。

配套建设的管道燃气设施，应当与建设项目主体工程同步规划、同步设计、同步施工、同步验收、同步移交建设档案资料，建设费用由建设单位承担，计入工程建设成本。建设单位在申请办理建设工程规划许可手续时，应当提交管道燃气工程总平面图和工程所在地管道燃气经营企业确认的燃气管线衔接的技术方案。

第九条　燃气设施建设工程应当符合燃气发展规划。

对燃气发展规划范围内的燃气设施建设工程，城乡规划主管部门在核发选址意见书时，应当就燃气设施建设是否符合燃气发展规划征求燃气主管部门的意见；不需要核发选址意见书的，城乡规划主管部门应当在核发建设用地规划许可证或者乡村建设规划许可证时征求燃气主管部门的意见。

第十条　燃气设施建设工程的勘察、设计、施工和监理，应当执行法律、法规和国家有关技术标准，并由依法取得相应资质的单位承担。

燃气场站工程、城市燃气高压管道工程、市政燃气中压管道工程、成片开发建设住宅小区内的燃气管道工程和国家规定其他必须实行监理的燃气设施建设工程，应当实行监理。

依法不需要实行监理的燃气设施建设工程，建设单位应当配备专业技术人员对工程质量进行监督检查。

第十一条　燃气设施建设工程竣工后，建设单位应当依法组织竣工验收，并自竣工验收合格之日起十五日内，将竣工验收情况报燃气主管部门备案；未经竣工验收合格的不得使用。

建设单位取得备案批复后，应当按照规定向城建档案管理机构移交建设工程档案。

第十二条　市和县（新建区）人民政府应当规划建设燃气应急气源储备基地，组织编制燃气供应应急预案，提高燃气供应应急保障能力。

第三章　经营与服务

第十三条　我市对燃气经营实行许可证制度。从事燃气经营活动的企业，应当具备下列条件：

（一）符合燃气发展规划要求；

（二）有符合国家标准的燃气气源和燃气设施；

（三）有固定的经营场所、完善的安全管理制度和健全的经营方案；

（四）企业的主要负责人、安全生产管理人员以及运行、维护和抢修人员经专业培训并考核合格；

（五）法律、法规规定的其他条件。

符合前款规定条件的，燃气主管部门应当自受理申请之日起十五日内核发燃气经营许可证；不符合前款规定条件的，应当书面通知申请人并说明理由。

《燃气经营许可证》有效期三年。燃气经营企业需要延续已取得的燃气经营许可证的，应当在《燃气经营许可证》有效期届满90日前，向作出许可决定的机关提出申请。燃气主管部门应当在《燃气经营许可证》有效期届满前作出是否准予延续的许可决定。

第十四条　本市管道燃气实行特许经营制度。取得特许经营权的管道燃气经营企业，应当与市燃气主管部门签订特许经营协议。

未取得特许经营权的，不得从事管道燃气经营业务。

第十五条　管道燃气经营企业应当保证稳定、不间断供气，不得无故停止供气，因施工、检修等原因需要临时调整供气量或者暂停供气的，应当将作业时间和影响区域提前四十八小时通过在停止供气地段的居民楼道或者公共广告栏等公共场所张贴告示或者通过当地的电视、报纸、电台和其他媒体播发公告等方式通知燃气用户。

因不可抗力或者燃气设施抢修等紧急情况，确需暂停供气或者降低燃气压力的，管道燃气经营企业应当及时通知用户，同时向燃气主管部门报告，并采取不间断抢修措施。

连续停止供气的时间一般不得超过二十四小时。恢复供气时应当事先通知用户。为确保用气安全，在二十二时至次日六时之间不得向居民用户恢复供气。

第十六条　瓶装燃气经营企业可以设立瓶装燃气服务点。服务点应当符合下列条件：

（一）有合法的经营场所；

（二）建筑物是三层以下的砖混结构；

（三）距影剧院、学校、商场和物资仓库、交通通讯枢纽等重要公共场所和重要设施不得少于二十米；

（四）按规定配备消防器材和防火、防爆设施；

（五）储存的燃气容积总量不得超过 0.36 立方米；

（六）符合相应的安全管理规定。

瓶装燃气经营企业设立瓶装燃气服务点应当报燃气主管部

案。燃气主管部门应当将备案信息抄送公安消防机构，并在相关政府网站上公布。

第十七条 燃气经营企业应当遵守下列规定：

（一）落实企业安全管理制度，确保安全投入比例不少于国家规定的标准；

（二）建立健全燃气质量检测制度，确保供应的燃气质量符合国家标准；

（三）燃气价格和服务项目的收费应当符合价格主管部门的有关规定，并公示其收费标准；

（四）法律、法规的其他规定。

第十八条 管道燃气经营企业除遵守本条例第十七条规定外，还应当遵守下列规定：

（一）按照燃气发展规划和用户需求，制定中长期发展计划，每年向燃气主管部门报告发展计划和实施情况；

（二）公布管道燃气报装、改装条件，不得拒绝管道燃气覆盖范围内符合用气条件的单位和个人的报装、改装申请；

（三）设立并公布二十四小时用户服务电话，并为用户缴纳、查询燃气收费和其他服务提供便利。

第十九条 瓶装燃气经营企业除遵守本条例第十七条规定外，还应当遵守下列规定：

（一）对自有气瓶喷涂权属单位标记并按照规定标明专用的识别标识；

（二）建立气瓶管理台账制度，对进出站气瓶实行登记管理；

（三）不得为非自有气瓶或者不符合国家标准的、过期未检测的、报废的气瓶充装燃气；

（四）充装燃气质量符合国家标准，不得给残液量超过标准的气瓶充装燃气。

第二十条 车用燃气经营企业除遵守本条例第十七条规定外，还应安装并定期检验燃气泄漏报警系统。并不得有以下行为：

（一）向无压力容器使用证或者与使用证登记信息不一致的汽车储气瓶加气；

（二）向汽车储气瓶以外的其他气瓶或者装置加气；

（三）在有燃气泄漏、燃气压力异常或者附近发生火灾、雷击天气等不安全情况下进行加气或者卸气作业；

（四）储气瓶拖车或者槽车在划定的区域内外停放，站内拖车或者槽车储气瓶（罐）总容量超过核定的容量。

对汽车加气前，车用燃气经营企业工作人员应当主动提示驾驶员将加气车辆熄火并在车旁监护，乘客离车到安全区域等候。

第二十一条 燃气经营企业停业或者歇业，应当事先对其供气范围内的燃气用户的正常用气作出妥善安排，并在九十个工作日前向燃气主管部门提出申请，燃气主管部门在收到燃气经营企业提交的申请报告和用户安置方案后，应当在受理申请后的二十日内进行审查，经审查批准后，燃气经营企业方可停业或者歇业。

第二十二条 燃气运输应当遵守国家有关危险货物运输安全的规定，使用符合国家规定的专用车辆船舶，聘用具有从业资格证的驾驶人员、装卸管理人员和押运人员，并取得危险物品运输许可。

第四章 燃气使用

第二十三条 燃气用户应当遵守法律、法规的规定和安全用气规则，使用合格的燃气燃烧器具和气瓶，不得有以下行为：

（一）初装管道燃气用户未经燃气经营企业同意自行开通点火；

（二）将安装有燃气设施的场所改为卧室、浴室或者其他违反安全用气规定的场所；

（三）在同一室内同时使用其他燃料；

（四）将管道燃气设施砌入墙体或者采取可能影响管道燃气设施安全的其他方式遮盖、隐蔽管道燃气设施；

（五）加热、摔砸、倒卧、曝晒气瓶或者改换气瓶检验标志、钢印、漆色；

（六）私自排放气瓶内燃气、残液或者利用气瓶互相倒灌；

（七）使用明火检查泄漏。

燃气用户还应当遵守下列规定：

（一）发现燃气泄漏等情况及时向燃气经营企业或者燃气主管部门、公安消防机构报告；

（二）配合燃气经营企业工作人员进行安全检查、抄表等业务活动；

（三）非居民用户应当落实燃气安全管理制度，操作管理人员应当接受安全生产教育和培训，掌握本岗位的安全操作技能和燃气安全知识。

第二十四条　需要使用管道燃气的用户应当向燃气经营企业提出申请。经勘查符合条件的，燃气经营企业应当与用户签订供气用气合同，明确双方的权利和义务，并建立健全用户档案。

用户拒绝与燃气经营企业签订或者续签供气用气合同的，燃气经营企业可以不提供供气服务。

第二十五条　管道燃气用户应当按时缴纳燃气费，逾期三十日拒不缴纳的，燃气经营企业对非居民用户可以暂时停止供气，对居民用户按照合同约定执行。管道燃气的用气量，应当以计量表的记录为准。管道燃气经营企业应当定期上门抄表，向用户提供缴费通知单，并通过电话、短信等方式告知用户。

第二十六条 餐饮行业燃气用户应当遵守下列规定：

（一）不得在地下室、人员密集场所的用餐区、城区范围内建筑面积三百平方米以上餐饮场所的厨房等不具备安全条件的场所使用瓶装燃气；

（二）使用瓶装燃气应当与燃气经营企业签订安全供气合同，并留存记载气瓶注册登记代码的购气凭证；

（三）安装燃气气体浓度报警装置，并配备干粉灭火器等消防器材；

（四）定期进行燃气安全检查，并制定燃气安全应急处置方案。

第二十七条 管道燃气设施的维修由燃气经营企业负责，维修费用按照下列规定承担：

（一）居民用户：以计量表的表前阀为界，表前阀前（含表前阀）的由燃气经营企业承担，表前阀后的由用户承担；

（二）工业及其他用户：中压管道供气用户以城市燃气中压管道支线阀门为界，自燃气供应厂（站）至支线阀门以前的（含支线阀门）由燃气经营企业承担，支线阀门以后的（含调压室、调压器）由用户承担；低压管道供气用户以围墙或者建筑物外缘为界，围墙或者建筑物以内的由用户承担。

第二十八条 抢修室内燃气设施时，用户应当配合抢修人员拆除影响抢修作业的装饰、装修物和其他构筑物。拆除的装饰、装修物和其他构筑物属于用户违反有关安全用气规定建设安装的，相关损失由用户承担，其他损失由燃气经营企业承担。

第二十九条　管道燃气计量表由燃气经营企业负责安装，并由法定计量检定机构检定合格。用户对管道燃气经营企业购置、安装的计量表的准确度有异议的，可以向燃气经营企业提出，并共同向法定计量检定机构申请校验或者直接向市场和质量监督主管部门投诉。在规定的产品保修期内，误差超过法定标准的，由燃气经营企业承担校验费，退回多收的气费并免费更换合格的计量表；未超过标准的，由用户承担校验费。

计量表不能正常运转的，用户应当及时报修。燃气经营企业发现计量表不能正常运转或者接到用户报告的，应当自发现或者接到报告时起二十四小时内与用户取得联系，并在双方约定的时间内及时修复。用户正常用气，但计量表未正常运转的，当月燃气费按照前三个月的平均值收取。

第三十条　管道燃气用户不通过管道燃气计量表用气的，其用气量按照所接管道直径的计算流量乘以用气时间确定；采取其他方式使燃气计量表不计量或者少计量的，其用气量按照燃气计量表的最大额定流量乘以用气时间确定。

前款用气时间，居民用户按照每日三小时计算，居民用户使用燃气采暖的，按照每日二十四小时计算，工业用户按照生产时间计算，其他用户按照每日十二小时计算。无法查明违法用气日期的，按照一百八十日计算。

第三十一条　鼓励生产、销售和使用节能燃气燃烧器具。禁止生产、销售和使用不符合国家标准的燃气燃烧器具。

燃气燃烧器具生产单位、销售单位应当设立或者委托设立售后服务站点，配备经考核合格的燃气燃烧器具安装、维修人员，负责售后的安装、维修服务。

第三十二条 燃气燃烧器具安装、维修企业应当按照国家标准安装、维修燃气燃烧器具，并遵守下列规定：

（一）建立并落实企业安全管理制度、用户服务制度和用户档案；

（二）燃气燃烧器具安装维修人员应当经考核合格，持证上岗；

（三）燃气燃烧器具安装后，应当进行检验，检验合格的，应当给用户出具合格证书；

（四）不得限定用户购买本企业生产或者指定的燃气燃烧器具和相关产品；

（五）不得改动燃气计量表和表前燃气设施；

（六）对用户提供的不符合标准的燃气燃烧器具应当拒绝安装，对用户提出的不符合安装规范的要求应当拒绝。

燃气主管部门应当定期向社会公布燃气燃烧器具安装、维修企业目录。

第三十三条 在本市销售和使用的家用燃气泄漏报警器和燃气泄漏安全保护装置及其附属设施，应当符合国家有关标准和规范。

提倡居民用户使用家用燃气泄漏报警器和燃气泄漏安全保护装置。

燃气主管部门或者燃气经营企业不得限定用户购买其指定的燃气燃烧器具、家用燃气泄漏报警器和燃气泄漏安全保护装置及其附属设施。

第五章 燃气安全与应急处置

第三十四条 燃气经营企业应当建立燃气安全管理责任制，健全安全管理网络，定期巡查、检验、检修和更新燃气设施，及时发现和消除事故隐患，并向用户宣传燃气安全使用知识。物业服务企业、居（村）民委员会应当配合燃气经营企业做好燃气设施的安全检查、抢修、维修和安全教育等工作。

管道燃气经营企业应当每年至少对用户的燃气设施和安全用气情况进行一次预约上门免费安全检查，将检查结果告知用户，并做好记录。发现安全隐患的，应当及时告知用户并督促用户进行整改。燃气经营企业工作人员检查时，应当主动出示工作证，用户应当予以配合。

燃气用户无正当理由拒绝燃气经营企业入户检查达两次以上的，燃气经营企业书面告知燃气用户后，可以采取暂时停止供气的措施。采取暂时停止供气措施时不得影响其他用户正常用气。

第三十五条　燃气经营企业应当在燃气管道安全范围内及重要燃气设施上设置明显的安全警示标志。

任何单位和个人不得损坏、覆盖、移动、涂改和擅自拆除安全警示标志。

第三十六条　燃气主管部门应当会同城乡规划等有关部门按照以下规定划定燃气设施保护范围，并向社会公布：

（一）低压管道的管壁外缘两侧不小于 0.5 米范围内的区域；

（二）中压管道的管壁外缘两侧不小于一米范围内的区域；

（三）次高压管道的管壁外缘两侧不小于二米范围内的区域；

（四）高压管道的管壁外缘两侧不小于五米范围内的区域；

（五）总储量二百立方米以下的燃气储配站周边不少于五十米内的区域；

（六）总储量二百立方米以上的燃气储配站周边不少于七十米内的区域；

（七）阀门井（室）、调压装置、计量装置、阴极保护装置等管道附属设施外壁不少于一米范围内的区域。

第三十七条 在燃气设施保护范围内，禁止从事危及燃气设施安全的活动，有关单位从事敷设管道、打桩、顶进、挖掘、钻探、堆土、基坑降水等可能影响燃气设施安全活动的，应当提前与燃气经营企业共同制定燃气设施保护方案，签订保护协议，采取相应的安全保护措施。

在燃气设施保护范围外高压燃气管道五十米范围内从事爆破作业的，也应当提前与燃气经营企业共同制定燃气设施保护方案，签订保护协议，采取相应的安全保护措施。

未制定燃气设施保护方案或者未采取相应安全保护措施进行施工的，监理单位或者建设单位配备的专业技术人员应当通知停工，并向燃气主管部门报告。

第三十八条 新建、扩建、改建建设工程，不得影响燃气设施安全。

建设单位在开工前，应当查明施工区域内地下燃气管道设施情况。燃气经营企业以及其他有关部门和单位应当及时提供相关资料。

第三十九条 任何单位和个人不得有下列行为：

（一）破坏、盗窃燃气设施；

（二）擅自开启、关闭户外管道燃气阀门；

（三）阻挠燃气经营企业将管道燃气设施连接并网或者维修；

（四）改变埋有管道燃气设施的路面承重状况；

（五）其他损坏燃气设施的行为。

第四十条 市、县（区）燃气主管部门应当会同有关部门制定燃气安全事故应急预案，报本级人民政府批准。

燃气经营企业应当根据本地燃气安全事故应急预案，制定本单位燃气安全事故应急预案，并定期组织应急预案演练。

第四十一条　燃气主管部门和公安消防、市场和质量监督、安全生产监督、交通运输、环境保护等有关行政管理部门应当建立健全燃气安全预警联动机制，整合信息资源，开展风险分析、评估和预测，对突发燃气事故做到及时报告、及时处置。

燃气经营企业应当建立健全安全评估和风险管理体系，对本单位的燃气设施定期进行检验。

鼓励燃气经营企业投保燃气安全生产责任险。鼓励燃气用户投保燃气意外伤害险。

燃气经营企业应当设置抢险抢修电话，向社会公布，并设专岗每天二十四小时值班。

第四十二条　任何单位和个人发现燃气安全事故隐患，应当立即向燃气经营企业、燃气主管部门或者公安消防机构报告。

燃气经营企业或者有关部门接到报告后，应当立即处理，不得推诿。

第四十三条　燃气经营企业发现用户存在下列重大安全隐患且不能及时整改到位的，应当采取停止供气措施：

（一）燃气设施漏气的；

（二）燃气管道末端未设有效封堵的；

（三）使用国家明令淘汰的直排式燃气热水器、燃气热水器未装烟道或者烟道未出户的；

（四）存在其他重大安全隐患且不能及时整改到位的情形。

燃气经营企业采取停止供气措施，有关单位或者个人拒绝或者阻挠的，燃气经营企业可以要求公安机关协助，并报告燃气主管部门。公安机关应当予以协助。

用户整改到位后向燃气经营企业申请恢复用气的，燃气经营企业应当在二十四小时内进行确认，并恢复供气。

第四十四条 发生燃气安全事故的，由市、县（区）人民政府组织燃气主管部门和安全生产监督、公安等部门依法进行调查处理。

第六章 监督检查

第四十五条 燃气主管部门负责对燃气规划、建设、经营以及燃气经营企业执行本条例的情况进行监督检查，并建立燃气经营企业的诚信档案和不良行为公示制度。

公安机关负责对盗用燃气及其设施的查处；公安消防机构负责对燃气行业的消防安全进行监督检查。

市场和质量监督主管部门负责对燃气锅炉、压力容器、压力管道、气瓶、槽车的安全监察和对燃气计量器具、燃气设施、燃气燃烧器具产品的质量监督以及燃气经营及燃气燃烧器具流通环节的监督检查。

安全生产监督主管部门负责对燃气行业的安全工作实施综合监督管理，指导、协调和监督各部门承担的安全监督管理工作。

交通运输主管部门负责燃气运输安全监督管理工作。

价格主管部门负责对燃气经营企业价格执行情况进行监督检查。

城市管理行政执法部门负责违法建设占压燃气管道的查处。

第四十六条 燃气主管部门和其他有关部门的燃气管理工作应当纳入市、县（区）城市综合管理工作考核范围。

第四十七条 燃气主管部门或者其他有关部门实施监督检查

时，可以采取下列措施：

（一）查阅、复制有关文件和资料；

（二）要求被检查的单位和个人就有关问题作出说明；

（三）进入现场检查。

有关单位和个人对监督检查应当予以支持、配合，不得拒绝、阻扰。

第四十八条　有关部门在监督检查时发现问题，应当及时处理；对不属于本部门职责范围的，应当及时移送并做好记录，接受移送的部门应当及时查处。

有关部门在监督检查中发现安全事故隐患的，应当责令整改，立即消除。重大安全事故隐患消除前或者消除过程中无法保证安全的，应当责令从危险区域内撤出人员，责令暂时停产停业或者停止使用；重大安全事故隐患消除后，经审查同意，方可恢复生产经营和使用。

第四十九条　燃气主管部门应当加强燃气信息平台建设，为用户提供相关服务。

燃气主管部门应当建立受理举报和投诉制度，公开举报和投诉电话、信箱或者电子邮件地址，受理举报和投诉，并及时处理。

第七章　法律责任

第五十条　违反本条例规定的行为，法律、法规有处罚规定的，从其规定。

第五十一条　违反本条例第十一条的规定，建设单位未将燃气设施建设工程竣工验收报告报燃气主管部门备案的，由燃气主管部门责令限期补报；逾期不补报的，处一万元以上二万元以下罚款。

第五十二条　违反本条例第十六条第二款的规定，设立瓶装燃气服务点未报燃气主管部门备案的，由燃气主管部门责令限期补报；逾期不补报的，处五千元以上一万元以下罚款。

第五十三条　违反本条例第十九条第一项的规定，对自有气瓶不按照规定标明专用的识别标识的，由燃气主管部门责令限期改正；逾期不改正的，处每瓶一百元罚款。

第五十四条　违反本条例第十九条第三项、第四项的规定，瓶装燃气经营企业有下列行为之一的，由市场和质量监督主管部门责令限期改正，并按照下列规定予以处罚：

（一）给不符合国家标准的、过期未检测的或者报废的气瓶充装燃气的，处二万元以上二十万元以下罚款，并对不符合国家标准的、报废的气瓶予以没收；对过期未检测的气瓶，责令限期检测，逾期不检测或者检测不合格的，予以没收。

（二）充装燃气质量不符合国家标准，违法销售产品（包括已售出和未售出的产品）货值金额等值以上三倍以下的罚款，有违法所得的，并处没收违法所得。

第五十五条　违反本条例第二十条第一款第一项的规定，向无压力容器使用证或者与使用证登记信息不一致的汽车储气瓶加气的，由市场和质量监督主管部门责令改正，处五千元以上二万元以下罚款。

第五十六条　违反本条例第二十三条第一款规定，有下列行为之一的，由燃气主管部门责令限期改正；逾期不改正的，对非居民用户可以处五千元以上五万元以下罚款；对居民用户可以处二百元以上一千元以下罚款；造成损失的，依法承担赔偿责任：

（一）初装管道燃气用户未经燃气经营企业同意自行开通点

火的；

（二）将安装有燃气设施的场所改为卧室、浴室或者其他违反安全用气规定的场所的；

（三）将管道燃气设施砌入墙体或者采取可能影响管道燃气设施安全的其他方式遮盖、隐蔽管道燃气设施的；

（四）加热、摔砸、倒卧、曝晒气瓶或者改换气瓶检验标志、钢印、漆色的；

（五）私自排放气瓶内燃气、残液或者利用气瓶互相倒灌的；

（六）使用明火检查泄漏的。

第五十七条　违反本条例第三十七条规定，建设单位、施工单位在燃气设施保护范围内进行施工，未采取安全保护措施造成重要燃气设施损坏的，依法承担赔偿责任；构成犯罪的，依法追究刑事责任。

第五十八条　燃气主管部门和其他有关部门及其工作人员在燃气管理工作中玩忽职守、滥用职权、徇私舞弊的，对直接负责的主管人员和其他直接责任人员依法给予处分；构成犯罪的，依法追究刑事责任。

第八章　附　则

第五十九条　天然气、液化石油气的生产和进口，城市天然气门站以外的天然气管道输送，燃气的槽车（船舶）运输和码头装卸，燃气作为发电、工业生产原料、切割气的使用，沼气、秸秆气的生产和使用，不适用本条例。

第六十条　本条例自公布之日起施行。

北京市燃气管理条例

(2006 年 11 月 3 日北京市第十二届人民代表大会常务委员会第三十二次会议通过，2020 年 9 月 25 日北京市第十五届人民代表大会常务委员会第二十四次会议修订)

第一章 总 则

第一条 为了加强本市燃气管理，维护燃气市场秩序，保障公民生命、财产安全和公共安全，促进燃气事业发展，制定本条例。

第二条 本条例适用于本市行政区域内燃气的规划、供应和使用，燃气设施的建设以及其他相关活动。

第三条 本市燃气管理遵循统筹规划、科学发展，安全第一、规范服务，保障供应、节能高效的原则。

第四条 市、区人民政府统筹燃气事业发展，将燃气事业发展纳入国民经济和社会发展规划、计划。

城市管理部门主管本行政区域燃气管理工作，推动燃气事业发展，对燃气供应的安全生产工作和燃气供应质量实施监督管理。

应急管理部门负责对燃气供应和使用的安全生产工作实施综合监督管理。

市场监督管理部门负责对气瓶、燃气储罐、燃气罐车、燃气管道等压力容器、压力管道及安全附件安全和燃气质量实施监督管理。

消防救援机构负责对燃气场站、非居民用户的用气场所实施消防安全监督管理。

其他有关部门依照有关法律、行政法规和本条例的规定，在各自职责范围内负责有关燃气管理工作，对各自行业、领域燃气使用的安全生产工作实施监督管理。

第五条　燃气供应企业和非居民用户应当将燃气安全纳入本企业、本单位的安全生产管理工作。

燃气供应企业应当对燃气供应安全负责，并加强对燃气使用安全的服务指导和技术保障。燃气用户应当对燃气使用安全负责。

第六条　本市鼓励燃气科学技术研究，推广应用安全、环保、节能和智能化的燃气技术、设备、工艺和材料。

各级人民政府、城市管理部门、城市管理综合执法部门和燃气供应企业应当加强燃气安全知识宣传和普及工作，增强社会公众的燃气安全意识，提高防范和应对燃气事故的能力。

广播、电视、报刊、互联网等媒体应当开展燃气使用安全公益性宣传。

第二章　规划与建设

第七条　市、区城市管理部门应当会同同级发展改革、规划和自然资源等有关部门，根据国民经济和社会发展规划、国土空间规划、能源规划等，组织编制燃气发展规划，报本级人民政府批准后实施。燃气发展规划涉及城市空间资源的内容，应当纳入相应层级的国土空间规划。

燃气发展规划应当对本行政区域内的燃气气源和种类，市政燃气管网、各类燃气场站设施布局、建设规模、建设时序、建设用地，燃气设施保护范围，燃气供应和安全保障措施等作出安排，并对瓶装液化石油气经营活动提出管理规范、供应要求和安全保障等专项措施。

第八条 新建、改建和扩建燃气管网和场站，应当符合燃气发展规划。

纳入国土空间规划的燃气设施建设用地，未经法定程序调整规划，不得改变用途。

第九条 城市新区开发、旧区改造工程，新建、改建、扩建道路等市政工程和住宅建设项目，按照燃气发展规划需要建设燃气设施的，应当与主体工程同时设计、同时施工、同时验收。

新建、改建住宅建设项目，建设单位应当会同燃气供应企业确定燃气供应方案。燃气供应方案应当包括燃气供应方式、配套设施建设安排。燃气供应方案应当符合燃气发展规划要求。

建设单位应当公开燃气供应方案，在房屋销售合同中明确燃气供应方式，并根据燃气供应方案，按照国家和本市的有关规定配套建设燃气设施。

第十条 发展改革部门审批燃气工程建设项目，应当征求城市管理等有关部门的意见。

规划和自然资源部门对燃气工程建设项目进行规划审查，应当征求城市管理、住房和城乡建设、市场监督管理等有关部门的意见。

第十一条 燃气工程的设计应当执行国家和本市有关标准，符合景观环境和方便用户的要求。

在城市主干道、繁华商业地段、历史文化保护区等设置燃气调压装置的，应当逐步采用地下等隐蔽设置方式。

新建使用天然气的建筑的，应当设计、安装燃气室内安全防护装置，使用的燃气计量表应当方便用户购气、具有异常情况下切断供气并报警的智能管理功能，并纳入竣工验收内容；有条件的，燃气计量表应当安装在室外。既有建筑的燃气计量表不具备相应功能的，应当逐步改造。

第十二条　新建、改建和扩建燃气工程的，建设单位应当按照规定选择具有相应等级资质的单位进行工程设计、施工、监理，依法办理工程质量监督手续，并负责组织竣工验收。

住房和城乡建设部门负责对燃气工程的施工安全实施监督管理。

第十三条　新建、改建和扩建燃气工程的，建设单位应当严格按照国家和本市有关档案管理的规定，收集、整理项目建设各环节的文件资料，建立健全项目建设档案，并在项目建设竣工验收后六个月内向城市建设档案机构移交齐全、准确的项目建设档案。

燃气供应企业对既有燃气设施实施更新改造的，应当在竣工验收后更新燃气设施的建设档案，并按照前款规定办理建设档案移交手续。

第三章　燃气供应与使用

第十四条　市、区城市管理部门应当会同有关部门建立燃气供应和需求状况的监测、预测和预警机制，采取多种措施，加强协调调度，多渠道保障气源供应，统筹本行政区域燃气供应和需求。

本市建立健全燃气应急储备制度。市人民政府可以通过购买服务的方式，向符合条件的企业购买燃气应急储备服务。

第十五条 市人民政府为了保障公共安全的需要，可以根据燃气发展和燃气管网建设情况，制定瓶装液化石油气的替代措施，划定禁止和限制瓶装液化石油气使用的区域，并向社会公布。

第十六条 在本市行政区域内从事燃气经营活动的，应当取得区城市管理部门颁发的燃气经营许可证。

取得燃气经营许可证应当具备下列条件：

（一）经依法登记的企业，并符合燃气发展规划的要求；

（二）有稳定和符合国家标准的燃气气源，并建立燃气气质检测制度；

（三）经营场所、燃气设施符合国家和本市的有关规定；场站内安装公共图像视频信息系统，并与有关部门联网，保持系统正常运行；

（四）企业的主要负责人、安全生产管理人员以及运行、维护和抢修人员经专业培训并考核合格；

（五）具有与业务规模相适应的偿债和抗风险能力；

（六）有完善的经营管理体系和安全管理制度；

（七）有健全的燃气应急预案，具有与供气规模相适应的抢险能力；

（八）有安全评价机构出具的安全评价报告，并达到安全运行的要求；

（九）从事瓶装液化石油气供应经营活动的企业应当建立气瓶档案管理制度，其中从事充装作业的企业还应当建立气瓶充装质量保证体系，并具有残液回收处置措施。

区城市管理部门应当自受理燃气经营许可申请之日起十二个工作日内作出行政许可决定。

　　燃气供应企业应当按照燃气经营许可决定的要求从事经营活动。

　　第十七条　本市对管道天然气经营、瓶装液化石油气气源供应实行特许经营。

　　实施燃气特许经营的，特许经营者或者按照特许经营协议成立的项目公司应当取得燃气经营许可。城市管理部门在办理燃气经营许可手续时，对于特许经营协议签订时已审定的内容，不再作重复审查，对其他内容的审查结果不应当导致特许经营协议内容的实质性变更。

　　第十八条　市城市管理部门应当会同有关部门制定本市燃气管理、服务的标准和规范。

　　第十九条　城市管理部门应当建立健全燃气监督管理制度和燃气行业信息化管理系统，依据有关法律、法规、规章、规划、标准和规范，对燃气供应企业进行监督检查，督促燃气供应企业落实对燃气用户的安全服务责任；向社会公布取得燃气经营许可证的企业名单，公布举报和投诉电话、信箱和电子邮件地址，受理有关燃气安全、燃气质量和服务质量的举报和投诉。

　　城市管理部门应当建立许可评价制度，对燃气供应企业按照燃气经营许可决定的要求从事生产经营活动的情况进行评价。

　　第二十条　燃气供应企业受理非居民的用气开户申请的，应当对其用气环境进行安全检查；有下列情形之一的，燃气供应企业不得与其签订供用气合同，不得供气：

　　（一）用气场所为违法建设；

　　（二）拒绝安全检查，或者经安全检查，用气场所、燃气设施或者用气设备不符合安全用气条件；

（三）用气场所未安装燃气泄漏报警装置。

第二十一条 燃气供应企业应当向用户提供安全、稳定、质量合格和价格合理的服务。

燃气供应企业向用户供应的燃气应当符合国家和本市规定的质量要求，不得掺杂、掺假。

燃气供应企业未经区城市管理部门批准，不得擅自停业、歇业。确需停业、歇业的，应当事先对供应范围内的用户用气需求作出妥善安排。

第二十二条 燃气供应企业应当建立和完善各项安全保障制度，并遵守下列规定：

（一）执行国家和本市对燃气设施运行、维护和抢修的有关规定；

（二）与气源供应企业签订长期和年度供应合同，明确供气保障方案；

（三）对承担管理责任的燃气设施进行维护、检修和检验，并根据生产运行状况，对燃气设施进行安全评估；

（四）具备维持正常运营和保障安全生产条件所需的资金投入；

（五）建立员工岗位培训制度；

（六）因例行检修、更换设施等情况，需要临时调整供气量或者暂停供气时，应当提前四十八小时将作业时间和影响区域予以公告；

（七）按照国家和本市的有关规定向城市管理部门报告生产运营、安全生产和用户服务等情况；

（八）因突发事件影响供气，应当按照燃气应急预案采取紧急措施并及时通知用户。

第二十三条　燃气供应企业应当建立健全用户服务制度，规范服务行为，并遵守下列规定：

（一）与用户签订供用气合同，明确双方的权利与义务；

（二）建立健全用户服务信息系统，完善用户服务档案；

（三）销售燃气符合国家和本市价格管理有关规定，并执行法定的价格干预措施、紧急措施；

（四）在业务受理场所公示业务流程、服务项目、服务承诺、作业标准、收费标准和服务受理、投诉电话等内容；向社会公布服务受理及投诉电话；

（五）定期对用户的用气场所、燃气设施和用气设备免费进行入户安全检查，作好安全检查记录；发现存在安全隐患的，书面告知用户进行整改；

（六）不得对用户投资建设的燃气工程指定设计单位或者施工单位，不得要求用户购买其指定经营者的产品；

（七）对供应范围内的燃气用户进行技术指导和技术服务。

第二十四条　本市实行瓶装液化石油气实名购买制度。燃气供应企业销售瓶装液化石油气，应当如实记录用户基本信息以及用户持有气瓶的数量、定期检验周期和报废期限等情况。

燃气供应企业应当在用户持有的气瓶定期检验周期、报废期限到期前三十日内通知用户；用户应当在期限届满前将气瓶送交燃气供应企业处理。

第二十五条　非居民用户购买瓶装液化石油气的，燃气供应企业负责直接配送、安装气瓶，并对其用气场所、燃气设施和用气设备进行安全检查。

居民用户购买瓶装液化石油气的，可以自行运送或者由燃气供应企业直接配送；选择直接配送方式的，燃气供应企业应当对居民用户的用气场所、燃气设施和用气设备进行安全检查。逐步推进居民用户购买瓶装液化石油气直接配送。

燃气供应企业委托专业运输单位配送瓶装液化石油气的，应当加强对配送人员和车辆的管理，明确燃气供应企业和专业运输单位双方相应的安全责任。

交通运输部门对燃气道路运输依法实施监督管理。

第二十六条 燃气供应企业销售瓶装燃气，应当遵守下列规定：

（一）向用户提供的气瓶、气质及气量应当符合国家和本市的规定；

（二）负责气瓶的维护、保养，按照规定涂敷气瓶颜色标志，并按照国家和本市有关规定，定期将气瓶送检验机构进行检验；

（三）只能充装、存放自有产权和供用气合同范围内的气瓶，气瓶应当经检验合格，且未超过报废期限；

（四）按照有关标准和规范充装、存放、运送气瓶，如实记录气瓶进出站时间；

（五）充装瓶装液化石油气的，应当从取得特许经营权的气源供应企业采购气源；

（六）销售的瓶装液化石油气来源于燃气发展规划确定的服务区域内的瓶装液化石油气充装企业。

燃气供应企业销售瓶装燃气，应当按照国家和本市有关规定，运用二维码等数据载体，逐步建立气瓶质量安全追溯信息平台。

第二十七条 燃气用户应当在具备安全用气条件的场所正确使用燃气和管道燃气自闭阀、气瓶调压器等设施设备；安装、使用符合国家和本市有关标准和规范的燃气燃烧器具及其连接管、燃气泄漏报警装置，并按照使用年限要求进行更换。

房屋出租人出租房屋应当保证交付的房屋符合本条第一款的规定，并承担燃气设施和用气设备的维护、维修和更新改造责任，承租人应当承担日常燃气使用安全责任，房屋租赁合同另有约定的除外。

第二十八条　非居民用户应当接受燃气供应企业的业务指导，并对从事燃气设施运行、维护和安全管理的人员进行专业技术培训，使其掌握相应的燃气安全知识。

第二十九条　管道燃气非居民用户变更户名、用气量、燃气使用性质的，应当到燃气供应企业办理相应手续。

第三十条　禁止在燃气使用中有下列行为：

（一）向未取得本市燃气经营许可证的单位或者个人购买燃气；

（二）向签订供用气合同以外的单位或者个人购买燃气；

（三）利用气瓶倒装燃气；

（四）摔、砸、滚动、倒置气瓶；

（五）加热气瓶、倾倒瓶内残液或者拆修瓶阀等附件；

（六）实施影响燃气计量表正常使用的行为；

（七）在安装燃气计量表、阀门等燃气设施的房间内堆放易燃易爆物品、居住和办公，在燃气设施的专用房间内使用明火；

（八）发现燃气设施或者用气设备异常、燃气泄漏、意外停气时，在现场使用明火、开关电器或者拨打电话；

（九）将燃气管道作为负重支架或者电器设备的接地导线；

（十）无正当理由拒绝入户安全检查，或者拒不整改用气安全隐患；

（十一）安装、使用国家和本市已明令淘汰或者已超出使用年限的用气设备；

（十二）其他危害公共安全和公共利益的燃气使用行为。

餐饮经营者使用瓶装液化石油气的，除遵守前款规定外，不得违反国家和本市有关餐饮经营者瓶装液化石油气安全使用条件中的强制性要求。

第三十一条 有下列情形之一的，燃气供应企业应当在书面告知燃气用户后对其暂停供气或者限制购气，并向城市管理综合执法部门报告：

（一）无正当理由拒绝定期入户安全检查；

（二）用气场所、燃气设施或者用气设备存在安全隐患且拒不整改。

第三十二条 燃气供应企业发现危害燃气设施安全、违反规定使用燃气等行为的，应当立即予以劝阻、制止，记入用户档案，并向城市管理综合执法部门举报；城市管理综合执法部门接到举报后，应当立即核查并依法处理。

城市管理综合执法部门核查供气用气违法行为，城市管理部门、燃气供应企业和用户应当配合。

第三十三条 管道燃气供应企业对居民用户专有部分以外的燃气设施承担运行、维护、抢修和更新改造的责任，所需费用计入配气成本；专有部分的燃气设施需要维修、安装、改装、移动或者拆除的，接受委托的管道燃气供应企业应当按照规范实施作业，并由居民用户承担相应费用，国家另有规定的除外。

非居民用户的管道燃气设施的运行、维护、抢修和更新改造责任，由管道燃气供应企业与非居民用户双方协商，并在供用气合同中予以明确。

第三十四条　燃气供应企业应当在重要燃气设施或者燃气设施重要部位设置统一、明显的识别标志；应当在燃气设施维护和抢修时，设置安全警示标志。

燃气供应企业应当对安装在用户室内和建筑物公共部位的公用燃气阀门设立永久性警示标志，警示用户不得擅自操作公用燃气阀门。

第三十五条　燃气用户和物业服务人应当配合燃气供应企业对燃气设施进行的维护、抢修、入户安全检查以及查表、收费等工作，不得妨碍、阻挠。

燃气用户应当支付燃气费，不得拖欠和拒绝支付。

第四章　燃气设施与用气设备管理

第三十六条　任何单位和个人不得侵占、毁损，擅自拆除、改装、安装或者移动燃气设施。

燃气供应企业对燃气门站、储配站、区域性调压站、燃气供应站、市政燃气管道等燃气设施进行拆除、改造、迁移的，应当到区城市管理部门办理燃气设施改动行政许可手续。

燃气供应企业改动燃气设施，应当符合下列条件：

（一）有改动燃气设施的申请报告；

（二）改动后的燃气设施符合燃气发展规划、安全等有关规定；

（三）有安全施工的组织、设计和实施方案；

（四）有安全防护及不影响燃气用户安全、正常用气的措施；

（五）法律、法规和规章规定的其他条件。

区城市管理部门应当自受理燃气设施改动申请之日起十二个工

作日内，依照法定程序作出行政许可决定。

燃气供应企业应当按照行政许可决定的要求实施作业。

第三十七条 市城市管理部门应当建立地下燃气管线安全防护信息系统，供建设单位和燃气供应企业共享地下管道燃气设施安全防护信息。建设工程施工前，建设单位应当在地下管线安全防护信息系统发布施工作业信息，燃气供应企业应当就建设工程施工范围内是否存在地下管道燃气设施及时告知建设单位。

建设工程施工范围内有地下管道燃气设施的，建设单位应当向城市建设档案机构或者燃气供应企业查询地下管道燃气设施的信息资料，施工前组织施工单位和燃气供应企业进行现场交底、确认，共同制定地下管道燃气设施的安全保护方案，并与燃气供应企业签订安全监护协议。

第三十八条 建设工程施工范围内有地下管道燃气设施的，施工单位应当将安全保护方案确定的安全保护措施纳入施工组织设计文件和工程安全措施，并按照安全保护方案进行施工；监理单位应当安排专人进行现场监理，发现施工作业存在损坏地下管道燃气设施的安全事故隐患的，应当要求施工单位整改或者暂时停止施工。

住房和城乡建设部门负责对建设工程施工的工程安全保护措施实施监督管理。

第三十九条 建设工程施工范围内有地下管道燃气设施的，燃气供应企业应当按照安全监护协议的约定履行监护职责，并进行现场指导。

燃气供应企业发现建设工程施工范围内有地下管道燃气设施，但未签订安全监护协议或者未制定安全保护方案的，应当要求施工单位暂时停止施工；施工单位拒不停工的，燃气供应企业应当向城市管理综合执法部门报告。

第四十条 建设工程施工损坏地下管道燃气设施的，施工单位应当立即通知燃气供应企业，并按照规定采取应急保护措施，避免扩大损失。

燃气供应企业提供的地下管道燃气设施信息资料有误或者未采取有效的监护措施并派专业人员进行现场监护，导致地下管道燃气设施损坏的，应当自行承担相应责任。

本市对施工作业损坏地下管道燃气设施的违法违规行为实行计分制度，纳入企业公共信用信息管理，由有关部门依法采取惩戒措施。

第四十一条 市城市管理部门应当会同市规划和自然资源等有关部门按照国家相关标准和规定划定管道燃气设施保护范围，设置保护标志，明示保护范围，并向社会公布。

在管道燃气设施保护范围内，禁止从事下列危及管道燃气设施安全的活动：

（一）建设建筑物、构筑物或者其他设施；

（二）进行爆破、取土等作业；

（三）倾倒、排放腐蚀性物质；

（四）堆放物品或者种植深根植物；

（五）涂改、覆盖、移动、拆除、损坏安全警示标志；

（六）其他危害地下管道燃气设施安全的行为。

第四十二条 在本市生产、销售的用气设备及其配件等产品质量应当符合国家和本市的有关标准和规定。

在本市销售的用气设备，其生产者或者销售者应当委托具有相应资质的检测机构进行气源适配性检测。

第四十三条　市场监督管理部门负责用气设备及其配件等产品质量的监督检查，并向社会公布监督检查结果。

第四十四条　用气设备的生产者、销售者应当在本市设立或者委托设立售后服务站点，负责产品的售后安装、维修。

售后服务站点应当建立健全管理制度和规范化服务标准，对从事用气设备安装、维修的作业人员进行技能培训。

第四十五条　市场监督管理部门发现气瓶不符合安全技术规范要求或者存在严重安全事故隐患的，应当实施查封、扣押。

城市管理综合执法等政府有关部门发现使用不符合安全技术规范要求或者存在严重安全事故隐患气瓶的行为的，应当移送市场监督管理部门处理。

第四十六条　任何单位和个人不得盗用燃气或者损毁燃气设施。

燃气供应企业发现盗用燃气或者损毁燃气设施的，应当及时向公安机关报案；影响公共安全的，应当及时采取措施。符合立案条件的，公安机关应当及时受理，燃气供应企业应当协助公安机关调查取证。

城市管理部门应当与公安机关、人民检察院、人民法院建立协同配合机制，为盗用燃气数额和损毁燃气设施的认定提供技术支持。

第五章　应急预案与事故处置

第四十七条　市城市管理部门应当会同有关部门制定市级燃气应急预案，报市人民政府批准后组织实施。

区人民政府应当组织有关部门编制本行政区域内的燃气应急预

案，并报市人民政府备案。

燃气供应企业、非居民用户应当根据市、区应急预案的规定，制定本企业、本单位的燃气应急预案。

第四十八条 市、区人民政府有关部门以及燃气供应企业、非居民用户，应当有计划、有重点地进行燃气应急预案演练，并根据实际情况及时修订应急预案。

发生燃气安全突发事件时，各有关单位和部门应当按照规定启动应急预案。

第四十九条 政府有关部门应当建立健全燃气应急指挥通信网络系统。

燃气供应企业应当设置并向社会公布抢险、抢修电话，并保持通信畅通。

第五十条 应急管理部门、城市管理部门或者其他有关部门在履行职责中发现燃气供应和使用的安全生产事故隐患的，应当责令立即排除；有重大安全生产事故隐患的，应当责令暂时停产停业或者停止使用相关燃气设施、设备；对燃气使用的安全生产事故隐患，应当同时通知燃气供应企业采取相应措施。

第五十一条 任何单位和个人发现燃气事故、事故隐患以及危害燃气设施安全的情况，应当立即向燃气供应企业或者政府有关部门报告。

发生燃气安全突发事件的，燃气供应企业应当根据燃气应急预案，立即采取相应措施先行处置，并根据事件等级，按照程序向城市管理、应急管理、市场监督管理、消防救援等政府有关部门报告。

政府有关部门应当根据事件等级，依照燃气应急预案，按照各自职责和业务范围，密切配合，做好燃气安全突发事件的指挥、处置等工作。

发生燃气泄漏等紧急情况，燃气供应企业需要采取紧急避险措施、实施入户抢险、抢修作业的，公安机关、消防救援机构应当配合燃气供应企业实施入户抢险、抢修作业。

第五十二条 燃气供应企业处置燃气安全突发事件，有关单位和个人应当配合，不得阻挠、干扰。因抢修、抢险作业损坏树木、园林设施、市政设施或者其他设施的，应当同时告知有关部门和单位；造成损失的，应当给予补偿。

第五十三条 燃气供应企业应当按照规定报告供气范围内发生的燃气安全事故，不得迟报、漏报、谎报或者瞒报。

应急管理部门负责开展燃气安全事故调查，及时向同级城市管理部门反馈事故调查的相关信息，并向同级人民政府报告。

城市管理部门应当汇集各有关部门和单位掌握的燃气安全事故信息，建立健全燃气安全事故统计分析报告制度，组织制定有针对性的防范措施。

第五十四条 燃气供应企业因突发状况影响燃气设施正常运行，不能保障正常供气，严重影响公共利益的，经市或者区人民政府同意，城市管理部门可以采取紧急接管等措施，保障燃气安全供应，相关费用由燃气供应企业承担。

燃气供应企业自行关停或者受到责令停产停业、吊销燃气经营许可证的处罚的，市、区城市管理部门应当会同应急管理、市场监督管理、城市管理综合执法等部门指导、督促燃气供应企业做好燃气及相关设施、设备的安全处置工作，消除安全隐患。

第六章　法律责任

第五十五条　违反本条例第十六条第一款规定，未取得燃气经营许可从事燃气经营活动的，由城市管理综合执法部门责令停止违法行为，处五万元以上五十万元以下罚款；有违法所得的，没收违法所得。

违反本条例第十六条第二款、第四款规定，燃气供应企业不符合燃气经营许可条件要求，或者不按照燃气经营许可决定的要求从事燃气经营活动的，由城市管理综合执法部门责令限期改正，处三万元以上二十万元以下罚款，有违法所得的，没收违法所得；情节严重的，吊销燃气经营许可证。

第五十六条　取得燃气特许经营权的企业有下列情形之一的，特许经营的实施机关应当责令限期改正；拒不改正的，可以收回特许经营权、终止特许经营协议，并采取措施保障燃气供应和服务：

（一）擅自转让、出租、质押、抵押或者以其他方式擅自处分特许经营权或者特许经营项目资产的；

（二）不按照规定运行、维护、抢修和更新改造燃气设施，严重影响燃气供应安全的；

（三）不符合燃气质量和服务的标准和要求，严重影响公共利益的；

（四）擅自停业、歇业的；

（五）法律、法规规定或者特许经营协议约定的其他情形。

第五十七条　燃气供应企业违反本条例第二十条，第二十一条第一款，第二十二条，第二十三条，第二十四条，第二十五条第一款和第二款，第二十六条第一款第（一）项、第（四）项至第

（六）项，第三十一条规定的，由城市管理综合执法部门责令限期改正，处二万元以上十万元以下罚款；有违法所得的，没收违法所得；情节严重的，吊销燃气经营许可证。

违反本条例第二十六条第一款第（二）项规定，未对使用的气瓶进行维护、保养，或者未按照规定将气瓶送检验机构进行检验的，由市场监督管理部门责令限期改正；逾期未改正的，责令停止使用，处一万元以上十万元以下罚款。

违反本条例第二十六条第一款第（三）项规定，充装非自有产权气瓶的，由市场监督管理部门责令改正，处一万元以上三万元以下罚款；情节严重的，暂停充装，直至吊销其充装许可证；使用未经检验、检验不合格或者已经报废的气瓶的，由市场监督管理部门责令停止使用，处三万元以上三十万元以下罚款。

第五十八条　违反本条例第二十一条第二款规定，在燃气中掺杂、掺假的，由市场监督管理部门责令停止生产、销售，没收违法生产、销售的产品，并处违法生产、销售产品货值金额百分之五十以上三倍以下罚款；有违法所得的，没收违法所得；情节严重的，吊销营业执照，并由城市管理综合执法部门吊销燃气经营许可证。

第五十九条　违反本条例第二十七条第一款规定，未安装、使用符合要求的燃气燃烧器具及其连接管、燃气泄漏报警装置的，由城市管理综合执法部门责令限期改正；逾期不改正的，对非居民用户处二万元以上十万元以下罚款。

第六十条　非居民用户有本条例第三十条规定情形之一的，由城市管理综合执法部门责令限期改正；逾期不改正的，处二万元以上十万元以下罚款。

居民用户有本条例第三十条第一款第（一）项至第（九）项、

第（十一）项、第（十二）项情形之一的，由城市管理综合执法部门责令限期改正；逾期不改正的，处一千元以下罚款。

第六十一条 违反本条例第三十三条第一款规定，管道燃气供应企业未按照规范维修、安装、改装、移动或者拆除居民用户专有部分的燃气设施的，由城市管理综合执法部门责令限期改正，处二万元以上十万元以下罚款；有违法所得的，没收违法所得；情节严重的，吊销燃气经营许可证。

第六十二条 违反本条例第三十六条规定，单位侵占、毁损，擅自拆除、改装、安装、移动燃气设施或者不按照燃气设施改动许可的要求实施作业的，由城市管理综合执法部门责令限期改正，恢复原状或者采取其他补救措施，处五万元以上十万元以下罚款。

个人擅自拆除、改装、安装或者移动户内管道燃气设施的，由城市管理综合执法部门责令限期改正；逾期不改正的，处一千元以下罚款；侵占、毁损，擅自拆除、改装、安装或者移动户外燃气设施的，处五千元以上五万元以下罚款。

存在安全隐患的，城市管理综合执法部门可以指定燃气供应企业代为采取改正措施，相关费用由当事人承担。

第六十三条 违反本条例第三十七条第一款规定，建设单位未发布施工作业信息，或者燃气供应企业未及时就地下管道燃气设施情况及时告知建设单位的，由城市管理综合执法部门责令限期改正，处五万元以上十万元以下罚款。

违反本条例第三十七条第二款规定，由城市管理综合执法部门责令限期改正，对建设单位处一万元以上十万元以下罚款。

第六十四条 违反本条例第三十八条第一款规定，施工单位未按照安全保护方案进行施工的，由城市管理综合执法部门责令限期改正，处一万元以上十万元以下罚款。

第六十五条 违反本条例第三十九条第一款规定，燃气供应企业未按照安全监护协议的约定履行监护职责并进行现场指导的，由应急管理部门责令限期改正，处五万元以上十万元以下罚款。

第六十六条 有本条例第四十一条第二款第（一）项规定情形的，依照有关城乡规划的法律、法规进行处罚。

有本条例第四十一条第二款第（二）项至第（四）项规定情形之一的，由城市管理综合执法部门责令停止违法行为，限期恢复原状或者采取其他补救措施，对单位处五万元以上十万元以下罚款，对个人处五千元以上五万元以下罚款。

有本条例第四十一条第二款第（五）项规定情形的，由城市管理综合执法部门责令限期改正，恢复原状，处五千元以下罚款。

第六十七条 违反本条例第四十二条第一款规定，在本市生产或者销售不符合国家和本市有关标准和规定的用气设备及其配件的，由市场监督管理部门责令停止生产、销售，没收违法生产、销售的产品，并处违法生产、销售产品货值金额等值以上三倍以下罚款；有违法所得的，没收违法所得；情节严重的，吊销营业执照。

第六十八条 违反本条例第四十六条第一款规定，盗用燃气或者损毁燃气设施的，由公安机关依照治安管理处罚有关规定处理。

第六十九条 违反本条例规定，造成损失的，依法承担赔偿责任；构成犯罪的，依法追究刑事责任。

第七十条 本条例确定的由城市管理综合执法部门行使的行政处罚权，按照国家和本市有关规定由街道办事处、乡镇人民政府相对集中行使行政处罚权进行综合执法的，按照有关规定执行。

街道办事处、乡镇人民政府进行综合执法的，应当加强对辖区内燃气供应企业、非居民用户安全生产状况的监督检查，健全燃气供应企业、燃气用户的管理服务信息。

第七章 附 则

第七十一条 本条例中有关用语的含义：

（一）燃气是指用于生产、生活的天然气、液化石油气等气体燃料的总称。

（二）燃气设施是指燃气储配站、门站、气化站、加气站、灌装站、供应站、调压站、市政燃气管网等的总称，包括市政燃气设施、用户专有部分和专有部分以外的燃气设施等。

（三）用气设备及其配件是指使用燃气作为燃料进行加热、炊事等的设备及其配件，包括燃气工业炉、燃气锅炉、燃气空调机、民用燃气用具及燃气泄漏报警装置等燃气安全防护装置、灶具连接管、气瓶调压器等。

（四）燃气供应企业是指取得燃气经营许可证，从事管道燃气、瓶装燃气或者燃气供应站、充装站、气化站、加气站等燃气经营活动的企业。

（五）燃气用户是指燃气使用人，包括居民用户和非居民用户。

（六）居民用户专有部分的燃气设施，是指燃气计量表安装在户内时，从户内燃气计量表起（不包括燃气计量表）按照顺气流方向延伸的燃气管道等燃气设施，以及燃气计量表安装在室外时燃气管道进户墙内侧的燃气设施（不包括墙体内的燃气设施）。

第七十二条 本条例自 2021 年 1 月 1 日起施行。